1

MEDITACIONES

Marco Aurelio

Libro I

1. De mi abuelo Vero: el buen carácter y la serenidad.

2. De la reputación y memoria legadas por mi progenitor: el carácter discreto y viril.

3. De mi madre: el respeto a los dioses, la generosidad y la abstención no sólo de obrar mal, sino incluso de incurrir en semejante pensamiento; más todavía, la frugalidad en el régimen de vida y el alejamiento del modo de vivir propio de los ricos.

4. De mi bisabuelo: el no haber frecuentado las escuelas públicas y haberme servido de buenos maestros en casa, y el haber comprendido que, para tales fines, es preciso gastar con largueza.

5. De mi preceptor: el no haber sido de la facción de los Verdes ni de los Azules, ni partidario de los parinularios ni de los escutarios1; el soportar las fatigas y tener pocas necesidades; el trabajo con esfuerzo personal y la abstención de excesivas tareas, y la desfavorable acogida a la calumnia.

6. De Diogneto: el evitar inútiles ocupaciones; y la desconfianza en lo que cuentan los que hacen prodigios y hechiceros acerca de encantamientos y conjuración de espíritus, y de otras prácticas semejantes; y el no dedicarme a la cría de codornices ni sentir pasión por esas cosas; el soportar la conversación franca y familiarizarme con la filosofía; y el haber escuchado primero a Baquio, luego a Tandasis y Marciano; haber escrito diálogos en la niñez; y haber deseado el catre cubierto de piel de animal, y todas las demás prácticas vinculadas a la formación helénica.

7. De Rústico: el haber concebido la idea de la necesidad de enderezar y cuidar mi carácter; el no haberme desviado a la emulación sofística, ni escribir tratados teóricos ni recitar discursillos de exhortación ni hacerme pasar por persona ascética o filántropo con vistosos alardes; y el haberme apartado de la retórica, de la poética y del refinamiento cortesano. Y el no pasear con la toga por casa ni hacer otras cosas semejantes. También el escribir las cartas de modo sencillo, como aquélla que escribió él mismo desde Sinuesa a mi

madre; el estar dispuesto a aceptar con indulgencia la llamada y la reconciliación con los que nos han ofendido y molestado, tan pronto como quieran retractarse; la lectura con precisión, sin contentarme con unas consideraciones globales, y el no dar mi asentimiento con prontitud a los charlatanes; el haber tomado contacto con los Recuerdos de Epicteto, de los que me entregó una copia suya.

8. De Apolonio: la libertad de criterio y la decisión firme sin vacilaciones ni recursos fortuitos; no dirigir la mirada a ninguna otra cosa más que a la razón, ni siquiera por poco tiempo; el ser siempre inalterable, en los agudos dolores, en la pérdida de un hijo, en las enfermedades prolongadas; el haber visto claramente en un modelo vivo que la misma persona puede ser muy rigurosa y al mismo tiempo desenfadada; el no mostrar un carácter irascible en las explicaciones; el haber visto a un hombre que claramente consideraba como la más ínfima de sus cualidades la experiencia y la diligencia en transmitir las explicaciones teóricas; el haber aprendido cómo hay que aceptar los aparentes favores de los amigos, sin dejarse sobornar por ellos ni rechazarlos sin tacto.

9. De Sexto: la benevolencia, el ejemplo de una casa gobernada patriarcalmente, el proyecto de vivir conforme a la naturaleza; la dignidad sin afectación; el atender a los amigos con solicitud; la tolerancia con los ignorantes y con los que opinan sin reflexionar; la armonía con todos, de manera que su trato era más agradable que cualquier adulación, y le tenían en aquel preciso momento el máximo respeto; la capacidad de descubrir con método inductivo y ordenado los principios necesarios para la vida; el no haber dado nunca la impresión de cólera ni de ninguna otra pasión, antes bien, el ser el menos afectado por las pasiones y a la vez el que ama más entrañablemente a los hombres; el elogio, sin estridencias; el saber polifacético, sin alardes.

10. De Alejandro el gramático: la aversión a criticar; el no reprender con injurias a los que han proferido un barbarismo, solecismo o sonido mal pronunciado, sino proclamar con destreza el término preciso que debía ser pronunciado, en forma de respuesta, o de ratificación o de una consideración en común sobre el tema mismo, no sobre la expresión gramatical, o por medio de cualquier otra sugerencia ocasional y apropiada.

11. De Frontón: el haberme detenido a pensar cómo es la envidia, la astucia y la hipocresía propia del tirano, y que, en general, los que entre nosotros son llamados «eupátridas», son, en cierto modo, incapaces de afecto.

12. De Alejandro el platónico: el no decir a alguien muchas veces y sin necesidad o escribirle por carta: «Estoy ocupado», y no rechazar de este modo sistemáticamente las obligaciones que imponen las relaciones sociales, pretextando excesivas ocupaciones.

13. De Catulo: el no dar poca importancia a la queja de un amigo, aunque casualmente fuera infundada, sino intentar consolidar la relación habitual; el elogio cordial a los maestros, como se recuerda que lo hacían Domicio y Atenódoto; el amor verdadero por los hijos.

14. De «mi hermano» Severo : el amor a la familia, a la verdad y la justicia; el haber conocido, gracias a él, a Traseas, Helvidio, Catón, Dión, Bruto; el haber concebido la idea de una constitución basada en la igualdad ante la ley, regida por la equidad y la libertad de expresión igual para todos, y de una realeza que honra y respeta, por encima de todo, Marco Aurelio Meditaciones 2 Existe en el texto griego una laguna. Farquharson, para salvar el sentido de la frase, sobrentiende: («en la vida de sociedad»). la libertad de sus súbditos. De él también: la uniformidad y constante aplicación al servicio de la filosofía; la beneficencia y generosidad constante; el optimismo y la confianza en la amistad de los amigos; ningún disimulo para con los que merecían su censura; el no requerir que sus amigos conjeturaran qué quería o qué no quería, pues estaba claro.

15. De Máxirno: el dominio de sí mismo y no dejarse arrastrar por nada; el buen ánimo en todas las circunstancias y especialmente en las enfermedades; la moderación de carácter, dulce y a la vez grave; la ejecución sin refunfuñar de las tareas propuestas; la confianza de todos en él, porque sus palabras respondían a sus pensamientos y en sus actuaciones procedía sin mala fe; el no sorprenderse ni arredrarse; en ningún caso precipitación o lentitud, ni impotencia, ni abatimiento, ni risa a carcajadas, seguidas de accesos de ira o de recelo. La beneficencia, el perdón y la sinceridad; el dar la impresión de hombre recto e inflexible más bien que corregido; que nadie se

creyera menospreciado por él ni sospechara que se consideraba superior a él; su amabilidad en...2

16. De mi padre: la mansedumbre y la firmeza serena en las decisiones profundamente examinadas. El no vanagloriarse con los honores aparentes; el amor al trabajo y la perseverancia; el estar dispuesto a escuchar a los que podían hacer una contribución útil a la comunidad. El distribuir sin vacilaciones a cada uno según su mérito. La experiencia para distinguir cuando es necesario un esfuerzo sin desmayo, y cuándo hay que relajarse. El saber poner fin a las relaciones amorosas con los adolescentes. La sociabilidad y el consentir a los amigos que no asistieran siempre a sus comidas y que no le acompañaran necesariamente en sus desplazamientos; antes bien, quienes le habían dejado momentáneamente por alguna necesidad le encontraban siempre igual. El examen minucioso en las deliberaciones y la tenacidad, sin eludir la indagación, satisfecho con las primeras impresiones. El celo por conservar los amigos, sin mostrar nunca disgusto ni loco apasionamiento. La autosuficiencia en todo y la serenidad. La previsión desde lejos y la regulación previa de los detalles más insignificantes sin escenas trágicas. La represión de las aclamaciones y de toda adulación dirigida a su persona. El velar constantemente por las necesidades del Imperio. La administración de los recursos públicos y la tolerancia ante la crítica en cualquiera de estas materias; ningún temor supersticioso respecto a los dioses ni disposición para captar el favor de los hombres mediante agasajos o lisonjas al pueblo; por el contrario, sobriedad en todo y firmeza, ausencia absoluta de gustos vulgares y de deseo innovador. El uso de los bienes que contribuyen a una vida fácil y la Fortuna se los había deparado en abundancia, sin orgullo y a la vez sin pretextos, de manera que los acogía con naturalidad, cuando los tenía, pero no sentía necesidad de ellos, cuando le faltaban. El hecho de que nadie hubiese podido tacharle de sofista, bufón o pedante; por el contrario, era tenido por hombre maduro, completo, inaccesible a la adulación, capaz de estar al frente de los asuntos propios y ajenos. Además, el aprecio por quienes filosofan de verdad, sin ofender a los demás ni dejarse tampoco embaucar por ellos; más todavía, su trato afable y buen humor, pero no en exceso. El cuidado moderado del propio cuerpo, no como quien ama la vida, ni con coquetería ni tampoco negligentemente, sino de manera que, gracias a su cuidado personal, en contadísimas ocasiones tuvo necesidad de asistencia médica, de fármacos o emplastos. Y especialmente, su complacencia, exenta de

envidia, en los que poseían alguna facultad, por ejemplo, la facilidad de expresión, el conocimiento de la historia, de las leyes, de las costumbres o de cualquier otra materia; su ahínco en ayudarles para que cada uno consiguiera los honores acordes a su peculiar excelencia; procediendo en todo según las tradiciones ancestrales, pero procurando no hacer ostentación ni siquiera de esto: de velar por dichas tradiciones. Además, no era propicio a desplazarse ni a agitarse fácilmente, sino que gustaba de permanecer en los mismos lugares y ocupaciones. E inmediatamente, después de los agudos dolores de cabeza, rejuvenecido y en plenas facultades, se entregaba a las tareas habituales. El no tener muchos secretos, sino muy pocos, excepcionalmente, y sólo sobre asuntos de Estado. Su sagacidad y mesura en la celebración de fiestas, en la construcción de obras públicas, en las asignaciones y en otras cosas semejantes, es propia de una persona que mira exclusivamente lo que debe hacerse, sin tener en cuenta la aprobación popular a las obras realizadas. Ni baños a destiempo, ni amor a la construcción de casas, ni preocupación por las comidas, ni por las telas, ni por el color de los vestidos, ni por el buen aspecto de sus servidores; el vestido que llevaba procedía de su casa de campo en Lorio, y la mayoría de sus enseres, de la que tenía en Lanuvio. ¡Cómo trató al recaudador de impuestos en Túsculo que le hacía reclamaciones! Y todo su carácter era así; no fue ni cruel, ni hosco, ni duro, de manera que jamás se habría podido decir de él: «Ya suda», sino que todo lo había calculado con exactitud, como si le sobrara tiempo, sin turbación, sin desorden, con firmeza, concertadamente. Y encajaría bien en él lo que se recuerda de Sócrates: que era capaz de abstenerse y disfrutar de aquellos bienes, cuya privación debilita a la mayor parte, mientras que su disfrute les hace abandonarse a ellos. Su vigor físico y su resistencia, y la sobriedad en ambos casos son propiedades de un hombre que tiene un alma equilibrada e invencible, como mostró durante la enfermedad que le llevó a la muerte.

17. De los dioses: el tener buenos abuelos, buenos progenitores, buena hermana, buenos maestros, buenos amigos íntimos, parientes y amigos, casi todos buenos; el no haberme dejado llevar fácilmente nunca a ofender a ninguno de ellos, a pesar de tener una disposición natural idónea para poder hacer algo semejante, si se hubiese presentado la ocasión. Es un favor divino que no se presentara ninguna combinación de circunstancias que me pusiera a prueba; el no haber sido educado largo tiempo junto a la concubina de mi

abuelo; el haber conservado la flor de mi juventud y el no haber demostrado antes de tiempo mi virilidad, sino incluso haberlo demorado por algún tiempo; el haber estado sometido a las órdenes de un gobernante, mi padre, que debía arrancar de mí todo orgullo y llevarme a comprender que es posible vivir en palacio sin tener necesidad de guardia personal, de vestidos suntuosos, de candelabros, de estatuas y otras cosas semejantes y de un lujo parecido; sino que es posible ceñirse a un régimen de vida muy próximo al de un simple particular, y no por ello ser más desgraciado o más negligente en el cumplimiento de los deberes que soberanamente nos exige la comunidad. El haberme tocado en suerte un hermano capaz, por su carácter, de incitarme al cuidado de mí mismo y que, a la vez, me alegraba por su respeto y afecto; el no haber tenido hijos subnormales o deformes; el no haber progresado demasiado en la retórica, en la poética y en las demás disciplinas, en las que tal vez me habría detenido, si hubiese percibido que progresaba a buen ritmo. El haberme anticipado a situar a mis educadores en el punto de dignidad que estimaba deseaban, sin demorarlo, con la esperanza de que, puesto que eran todavía jóvenes, lo pondría en práctica más tarde. El haber conocido a Apolonio, Rústico, Máximo. El haberme representado claramente y en muchas ocasiones qué es la vida acorde con la naturaleza, de manera que, en la medida que depende de los dioses, de sus comunicaciones, de sus socorros y de sus inspiraciones, nada impedía ya que viviera de acuerdo con la naturaleza, y si continúo todavía lejos de este ideal, es culpa mía por no observar las sugerencias de los dioses y a duras penas sus enseñanzas; la resistencia de mi cuerpo durante largo tiempo en una vida de estas características; el no haber tocado ni a Benedicta ni a Teódoto, e incluso, más tarde, víctima de pasiones amorosas, haber curado; el no haberme excedido nunca con Rústico, a pesar de las frecuentes disputas, de lo que me habría arrepentido; el hecho de que mi madre, que debía morir joven, viviera, sin embargo, conmigo sus últimos años; el hecho de que cuantas veces quise socorrer a un pobre o necesitado de otra cosa, jamás oí decir que no tenía dinero disponible; el no haber caído yo mismo en una necesidad semejante como para reclamar ayuda ajena; el tener una esposa de tales cualidades: tan obediente, tan cariñosa, tan sencilla; el haber conseguido fácilmente para mis hijos educadores adecuados; el haber recibido, a través de sueños, remedios, sobre todo para no escupir sangre y evitar los mareos, y lo de Gaeta, a modo de oráculo; el no haber caído, cuando me aficioné a la filosofía, en manos de un sofista ni haberme entretenido en el análisis de autores o de silogismos ni ocuparme a fondo de los fenómenos celestes. Todo esto «requiere ayudas de los dioses y de la Fortuna».

Libro II

1. Al despuntar la aurora, hazte estas consideraciones previas: me encontraré con un indiscreto, un ingrato, un insolente, un mentiroso, un envidioso, un insociable. Todo eso les acontece por ignorancia de los bienes y de los males. Pero yo, que he observado que la naturaleza del bien es lo bello, y que la del mal es lo vergonzoso, y que la naturaleza del pecador mismo es pariente de la mía, porque participa, no de la misma sangre o de la misma semilla, sino de la inteligencia y de una porción de la divinidad, no puedo recibir daño de ninguno de ellos, pues ninguno me cubrirá de vergüenza; ni puedo enfadarme con mi pariente ni odiarle. Pues hemos nacido para colaborar, al igual que los pies, las manos, los párpados, las hileras de dientes, superiores e inferiores. Obrar, pues, como adversarios los unos de los otros es contrario a la naturaleza. Y es actuar como adversario el hecho de manifestar indignación y repulsa.

2. Esto es todo lo que soy: un poco de carne, un breve hálito vital, y el guía interior. ¡Deja los libros! No te dejes distraer más; no te está permitido. Sino que, en la idea de que eres ya un moribundo, desprecia la carne: sangre y polvo, huesecillos, fino tejido de nervios, de diminutas venas y arterias. Mira también en qué consiste el hálito vital: viento, y no siempre el mismo, pues en todo momento se vomita y de nuevo se succiona. En tercer lugar, pues, te queda el guía interior. Reflexiona así: eres viejo; no consientas por más tiempo que éste sea esclavo, ni que siga aún zarandeado como marioneta por instintos egoístas, ni que se enoje todavía con el destino presente o recele del futuro.

3. Las obras de los dioses están llenas de providencia, las de la Fortuna no están separadas de la naturaleza o de la trama y entrelazamiento de las cosas gobernadas por la Providencia. De allí fluye todo. Se añade lo necesario y lo conveniente para el conjunto del universo, del que formas parte. Para cualquier parte de naturaleza es bueno aquello que colabora con la naturaleza del conjunto y lo que es

11

capaz de preservarla. Y conservan el mundo tanto las transformaciones de los elementos simples como las de los compuestos. Sean suficientes para ti estas reflexiones, si son principios básicos. Aparta tu sed de libros, para no morir gruñendo, sino verdaderamente resignado y agradecido de corazón a los dioses.

4. Recuerda cuánto tiempo hace que difieres eso y cuántas veces has recibido avisos previos de los dioses sin aprovecharlos. Preciso es que a partir de este momento te des cuenta de qué mundo eres parte y de qué gobernante del mundo procedes como emanación, y comprenderás que tu vida está circunscrita a un período de tiempo limitado. Caso de que no aproveches esta oportunidad para serenarte, pasará, y tú también pasarás, y ya no habrá otra.

5. A todas horas, preocúpate resueltamente, como romano y varón, de hacer lo que tienes entre manos con puntual y no fingida gravedad, con amor, libertad y justicia, y procúrate tiempo libre para liberarte de todas las demás distracciones. Y conseguirás tu propósito, si ejecutas cada acción como si se tratara de la última de tu vida, desprovista de toda irreflexión, de toda aversión apasionada que te alejara del dominio de la razón, de toda hipocresía, egoísmo y despecho en lo relacionado con el destino. Estás viendo cómo son pocos los principios que hay que dominar para vivir una vida de curso favorable y de respeto a los dioses. Porque los dioses nada más reclamarán a quien observa estos preceptos.

6. ¡Te afrentas, te afrentas, alma mía! Y ya no tendrás ocasión de honrarte. ¡Breve es la vida para cada uno! Tú, prácticamente, la has consumido sin respetar el alma que te pertenece, y, sin embargo, haces depender tu buena fortuna del alma de otros.

7. No te arrastren los accidentes exteriores; procúrate tiempo libre para aprender algo bueno y cesa ya de girar como un trompo. En adelante, debes precaverte también de otra desviación. Porque deliran también, en medio de tantas ocupaciones, los que están cansados de vivir y no tienen blanco hacia el que dirijan todo impulso y, en suma, su imaginación.

8. No es fácil ver a un hombre desdichado por no haberse detenido a pensar qué ocurre en el alma de otro. Pero quienes no

siguen con atención los movimientos de su propia alma, fuerza es que sean desdichados.

9. Es preciso tener siempre presente esto: cuál es la naturaleza del conjunto y cuál es la mía, y cómo se comporta ésta respecto a aquélla y qué parte, de qué conjunto es; tener presente también que nadie te impide obrar siempre y decir lo que es consecuente con la naturaleza, de la cual eres parte.

10. Desde una perspectiva filosófica afirma Teofrasto en su comparación de las faltas, como podría compararlas un hombre según el sentido común, que las faltas cometidas por concupiscencia son más graves que las cometidas por ira. Porque el hombre que monta en cólera parece desviarse de la razón con cierta pena y congoja interior; mientras que la persona que yerra por concupiscencia, derrotado por el placer, se muestra más flojo y afeminado en sus faltas. Con razón, pues, y de manera digna de un filósofo, dijo que el que peca con placer merece mayor reprobación que el que peca con dolor. En suma, el primero se parece más a un hombre que ha sido víctima de una injusticia previa y que se ha visto forzado a montar en cólera por dolor; el segundo se ha lanzado a la injusticia por sí mismo, movido a actuar por concupiscencia.

11. En la convicción de que puedes salir ya de la vida, haz, di y piensa todas y cada una de las cosas en consonancia con esta idea. Pues alejarse de los hombres, si existen dioses, en absoluto es temible, porque éstos no podrían sumirte en el mal. Mas, si en verdad no existen, o no les importan los asuntos humanos, ¿a qué vivir en un mundo vacío de dioses o vacío de providencia? Pero sí, existen, y les importan las cosas humanas, y han puesto todos los medios a su alcance para que el hombre no sucumba a los verdaderos males. Y si algún mal quedara, también esto lo habrían previsto, a fin de que contara el hombre con todos los medios para evitar caer en él. Pero lo que no hace peor a un hombre, ¿cómo eso podría hacer peor su vida? Ni por ignorancia ni conscientemente, sino por ser incapaz de prevenir o corregir estos defectos, la naturaleza del conjunto lo habría consentido. Y tampoco por incapacidad o inhabilidad habría cometido un error de tales dimensiones como para que les tocaran a los buenos y a los malos indistintamente, bienes y males a partes iguales. Sin embargo, muerte y vida, gloria e infamia, dolor y placer, riqueza y penuria, todo eso acontece indistintamente al hombre bueno y al

13

malo, pues no es ni bello ni feo. Porque, efectivamente, no son bienes ni males.

12. ¡Cómo en un instante desaparece todo: en el mundo, los cuerpos mismos, y en el tiempo, su memoria! ¡Cómo es todo lo sensible, y especialmente lo que nos seduce por placer o nos asusta por dolor o lo que nos hace gritar por orgullo; cómo todo es vil, despreciable, sucio, fácilmente destructible y cadáver! ¡Eso debe considerar la facultad de la inteligencia! ¿Qué son esos, cuyas opiniones y palabras procuran buena fama ¿Qué es la muerte? Porque si se la mira a ella exclusivamente y se abstraen, por división de su concepto, los fantasmas que la recubren, ya no sugerirá otra cosa sino que es obra de la naturaleza. Y si alguien teme la acción de la naturaleza, es un chiquillo. Pero no sólo es la muerte acción de la naturaleza, sino también acción útil a la naturaleza. Cómo el hombre entra en contacto con Dios y por qué parte de sí mismo, y, en suma, cómo está dispuesta esa pequeña parte del hombre.

13. Nada más desventurado que el hombre que recorre en círculo todas las cosas y «que indaga», dice, «las profundidades de la tierra», y que busca, mediante conjeturas, lo que ocurre en el alma del vecino, pero sin darse cuenta de que le basta estar junto a la única divinidad que reside en su interior y ser su sincero servidor. Y el culto que se le debe consiste en preservarla pura de pasión, de irreflexión y de disgusto contra lo que procede de los dioses y de los hombres. Porque lo que procede de los dioses es respetable por su excelencia, pero lo que procede de los hombres nos es querido por nuestro parentesco, y a veces, incluso, en cierto modo, inspira compasión, por su ignorancia de los bienes y de los males, ceguera no menor que la que nos priva de discernir lo blanco de lo negro.

14. Aunque debieras vivir tres mil años y otras tantas veces diez mil, no obstante recuerda que nadie pierde otra vida que la que vive, ni vive otra que la que pierde. En consecuencia, lo más largo y lo más corto confluyen en un mismo punto. El presente, en efecto, es igual para todos, lo que se pierde es también igual, y lo que se separa es, evidentemente, un simple instante. Luego ni el pasado ni el futuro se podría perder, porque lo que no se tiene, ¿cómo nos lo podría arrebatar alguien? Ten siempre presente, por tanto, esas dos cosas: una, que todo, desde siempre, se presenta de forma igual y describe los mismos círculos, y nada importa que se contemple lo mismo

durante cien años, doscientos o un tiempo indefinido; la otra, que el que ha vivido más tiempo y el que morirá más prematuramente, sufren idéntica pérdida. Porque sólo se nos puede privar del presente, puesto que éste sólo posees, y lo que uno no posee, no lo puede perder.

15. «Que todo es opinión». Evidente es lo que se dice referido al cínico Mónimo. Evidente también, la utilidad de lo que se dice, si se acepta lo sustancial del dicho, en la medida en que es oportuno.

16. El alma del hombre se afrenta, sobre todo, cuando, en lo que de ella depende, se convierte en pústula y en algo parecido a una excrecencia del mundo. Porque enojarse con algún suceso de los que se presentan es una separación de la naturaleza, en cuya parcela se albergan las naturalezas de cada uno de los restantes seres. En segundo lugar, se afrenta también, cuando siente aversión a cualquier persona o se comporta hostilmente con intención de dañarla, como es el caso de las naturalezas de los que montan en cólera. En tercer lugar, se afrenta, cuando sucumbe al placer o al pesar. En cuarto lugar, cuando es hipócrita y hace o dice algo con ficción o contra la verdad. En quinto lugar cuando se desentiende de una actividad o impulso que le es propio, sin perseguir ningún objetivo, sino que al azar e inconsecUentemente se aplica a cualquier tarea siendo así que, incluso las más insignificantes actividades deberían llevarse a cabo referidas a un fin. Y el fin de los seres racionales es obedecer la razón y la ley de la ciudad y constitución más venerable.

17. El tiempo de la vida humana, un punto; su sustancia, fluyente; su sensación, turbia; la composición del conjunto del cuerpo, fácilmente corruptible; su alma, una peonza; su fortuna, algo difícil de conjeturar; su fama, indescifrable. En pocas palabras: todo lo que pertenece al cuerpo, un río; sueño y vapor, lo que es propio del alma; la vida, guerra y estancia en tierra extraña; la fama póstuma, olvido. ¿Qué, pues, puede darnos compañía? Única y exclusivamente la filosofía. Y ésta consiste en preservar el guía interior, exento de ultrajes y de daño, dueño de placeres y penas, si hacer nada al azar, sin valerse de la mentira ni de la hipocresía, al margen de lo que otro haga o deje de hacer; más aún, aceptando lo que acontece y se le asigna como procediendo de aquel lugar de donde él mismo ha venido. Y sobre todo, aguardando la muerte con pensamiento favorable, en la convicción de que ésta no es otra cosa que disolución de elementos de

que está compuesto cada ser vivo. Y si para los mismos elementos nada temible hay en el hecho de que cada uno se transforme de continuo en otro, ¿por qué recelar de la transformación y disolución de todas las cosas? Pues esto es conforme a la naturaleza, y nada es malo si es conforme a la naturaleza. En Carnunto

LIBRO III

1. No sólo esto debe tomarse en cuenta, que día a día se va gastando la vida y nos queda una parte menor de ella, sino que se debe reflexionar también que, si una persona prolonga su existencia, no está claro si su inteligencia será igualmente capaz en adelante para la comprensión de las cosas y de la teoría que tiende al conocimiento de las cosas divinas y humanas. Porque, en el caso de que dicha persona empiece a desvariar, la respiración, la nutrición, la imaginación, los instintos y todas las demás funciones semejantes no le faltarán; pero la facultad de disponer de sí mismo, de calibrar con exactitud el número de los deberes, de analizar las apariencias, de detenerse a reflexionar sobre si ya ha llegado el momento de abandonar esta vida y cuantas necesidades de características semejantes precisan un ejercicio exhaustivo de la razón, se extingue antes. Conviene, pues, apresurarse no sólo porque a cada instante estamos más cerca de la muerte, sino también porque cesa con anterioridad la comprensión de las cosas y la capacidad de acomodarnos a ellas.

2. Conviene también estar a la expectativa de hechos como éstos, que incluso las modificaciones accesorias de las cosas naturales tienen algún encanto y atractivo. Así, por ejemplo, un trozo de pan al cocerse se agrieta en ciertas partes; esas grietas que así se forman y que, en cierto modo, son contrarias a la promesa del arte del panadero, son, en cierto modo, adecuadas, y excitan singularmente el apetito. Asimismo, los higos, cuando están muy maduros, se entreabren. Y en las aceitunas que quedan maduras en los árboles, su misma proximidad a la podredumbre añade al fruto una belleza singular. Igualmente las espigas que se inclinan hacia abajo, la melena del león y la espuma que brota de la boca de los jabalíes y muchas otras cosas, examinadas en particular, están lejos de ser bellas; y, sin embargo, al ser consecuencia de ciertos procesos naturales, cobran un aspecto bello y son atractivas. De manera que, si una persona tiene sensibilidad e inteligencia suficientemente profunda

16

para captar lo que sucede en el conjunto, casi nada le parecerá, incluso entre las cosas que acontecen por efectos secundarios, no comportar algún encanto singular. Y esa persona verá las fauces reales de las fieras con no menor agrado que todas sus reproducciones realizadas por pintores y escultores; incluso podrá ver con sus sagaces ojos cierta plenitud y madurez en la anciana y el anciano y también, en los niños, su amable encanto. Muchas cosas semejantes se encontrarán no al alcance de cualquiera, sino, exclusivamente, para el que de verdad esté familiarizado con la naturaleza y sus obras.

3. Hipócrates, después de haber curado muchas enfermedades, enfermó él también y murió. Los caldeos predijeron la muerte de muchos, y también a ellos les alcanzó el destino. Alejandro, Pompeyo y Cayo César, después de haber arrasado hasta los cimientos tantas veces ciudades enteras y destrozado en orden de combate numerosas miríadas de jinetes e infantes, también ellos acabaron por perder la vida. Heráclito, después de haber hecho tantas investigaciones sobre la conflagración del mundo, aquejado de hidropesía y recubierto de estiércol, murió. A Demócrito, los gusanos; gusanos también, pero distintos, acabaron con Sócrates. ¿Qué significa esto? Te embarcaste, surcaste mares, atracaste: ¡desembarca! Si es para entrar en otra vida, tampoco allí está nada vacío de dioses; pero si es para encontrarte en la insensibilidad, cesarás de soportar fatigas y placeres y de estar al servicio de una envoltura tanto más ruin cuanto más superior es la parte subordinada: ésta es inteligencia y divinidad; aquélla, tierra y sangre mezclada con polvo.

4. No consumas la parte de la vida que te resta en hacer conjeturas sobre otras personas, de no ser que tu objetivo apunte a un bien común; porque ciertamente te privas de otra tarea; a saber, al imaginar qué hace fulano y por qué, y qué piensa y qué trama y tantas cosas semejantes que provocan tu aturdimiento, te apartas de la observación de tu guía interior. Conviene, por consiguiente, que en el encadenamiento de tus ideas, evites admitir lo que es fruto del azar y superfluo, pero mucho más lo inútil y pernicioso. Debes también acostumbrarte a formarte únicamente aquellas ideas acerca de las cuales, si se te preguntara de súbito: «¿En qué piensas ahora?», con franqueza pudieras contestar al instante: «En esto y en aquello», de manera que al instante se pusiera de manifiesto que todo en ti es sencillo, benévolo y propio de un ser sociable al que no importan

placeres o, en una palabra, imágenes que procuran goces; un ser exento de toda codicia, envidia, recelo o cualquier otra pasión, de la que pudieras ruborizarte reconociendo que la posees en tu pensamiento. Porque el hombre de estas características que ya no demora el situarse como entre los mejores, se convierte en sacerdote y servidor de los dioses, puesto al servicio también de la divinidad que se asienta en su interior, todo lo cual le inmuniza contra los placeres, le hace invulnerable a todo dolor, intocable respecto a todo exceso, insensible a toda maldad, atleta de la más excelsa lucha, lucha que se entabla para no ser abatido por ninguna pasión, impregnado a fondo de justicia, apegado, con toda su alma, a los acontecimientos y a todo lo que se le ha asignado; y raramente, a no ser por una gran necesidad y en vista al bien común, cavila lo que dice, hace o proyecta otra persona. Pondrá únicamente en práctica aquellas cosas que le corresponden, y piensa sin cesar en lo que le pertenece, que ha sido hilado del conjunto; y mientras en lo uno cumple con su deber, en lo otro está convencido de que es bueno. Porque el destino asignado a cada uno está involucrado en el conjunto y al mismo tiempo lo involucra. Tiene también presente que todos los seres racionales están emparentados y que preocuparse de todos los hombres está de acuerdo con la naturaleza humana; pero no debe tenerse en cuenta la opinión de todos, sino sólo la de aquellos que viven conforme a la naturaleza. Y respecto a los que no viven así, prosigue recordando hasta el fin cómo son en casa y fuera de ella, por la noche y durante el día, y qué clase de gente frecuentan. En consecuencia, no toma en consideración el elogio de tales hombres que ni consigo mismo están satisfechos.

5. Ni actúes contra tu voluntad, ni de manera insociable, ni sin reflexión, ni arrastrado en sentidos opuestos. Con la afectación del léxico no trates de decorar tu pensamiento. Ni seas extremadamente locuaz, ni polifacético. Más aún, sea el dios que en ti reside protector y guía de un hombre venerable, ciudadano, romano y jefe que a sí mismo se ha asignado su puesto, cual sería un hombre que aguarda la llamada para dejar la vida, bien desprovisto de ataduras, sin tener necesidad de juramento ni tampoco de persona alguna en calidad de testigo. Habite en ti la serenidad, la ausencia de necesidad de ayuda externa y de la tranquilidad que procuran otros. Conviene, por consiguiente, mantenerse recto, no enderezado.

6. Si en el transcurso de la vida humana encuentras un bien superior a la justicia, a la verdad, a la moderación, a la valentía y, en suma, a tu inteligencia que se basta a sí misma, en aquellas cosas en las que te facilita actuar de acuerdo con la recta razón, y de acuerdo con el destino en las cosas repartidas sin elección previa; si percibes, digo, un bien de más valía que ese, vuélvete hacia él con toda el alma y disfruta del bien supremo que descubras. Pero si nada mejor aparece que la propia divinidad que en ti habita, que ha sometido a su dominio los instintos particulares, que vigila las ideas y que, como decía Sócrates, se ha desprendido de las pasiones sensuales, que se ha sometido a la autoridad de los dioses y que preferentemente se preocupa de los hombres; si encuentras todo lo demás más pequeño y vil, no cedas terreno a ninguna otra cosa, porque una vez arrastrado e inclinado hacia ella, ya no serás capaz de estimar preferentemente y de continuo aquel bien que te es propio y te pertenece. Porque no es lícito oponer al bien de la razón y de la convivencia otro bien de distinto género, como, por ejemplo, el elogio de la muchedumbre, cargos públicos, riqueza o disfrute de placeres. Todas esas cosas, aunque parezcan momentáneamente armonizar con nuestra naturaleza, de pronto se imponen y nos desvían. Por tanto, reitero, elige sencilla y libremente lo mejor y persevera en ello. «Pero lo mejor es lo conveniente.» Si lo es para ti, en tanto que ser racional, obsérvalo. Pero si lo es para la parte animal, manifiéstalo y conserva tu juicio sin orgullo. Trata sólo de hacer tu examen de un modo seguro.

7. Nunca estimes como útil para ti lo que un día te forzará a transgredir el pacto, a renunciar al pudor, a odiar a alguien, a mostrarte receloso, a maldecir, a fingir, a desear algo que precisa paredes y cortinas. Porque la persona que prefiere, ante todo, su propia razón, su divinidad y los ritos del culto debido a la excelencia de ésta, no representa tragedias, no gime, no precisará soledad ni tampoco aglomeraciones de gente. Lo que es más importante: vivirá sin perseguir ni huir. Tanto si es mayor el intervalo de tiempo que va a vivir el cuerpo con el alma unido, como si es menor, no le importa en absoluto. Porque aun en el caso de precisar desprenderse de él, se irá tan resueltamente como si fuera a emprender cualquier otra de las tareas que pueden ejecutarse con discreción y decoro; tratando de evitar, en el curso de la vida entera, sólo eso, que su pensamiento se comporte de manera impropia de un ser dotado de inteligencia y sociable.

8. En el pensamiento del hombre que se ha disciplinado y purificado a fondo, nada purulento ni manchado ni mal cicatrizado podrías encontrar. Y no arrebata el destino su vida incompleta, como se podría afirmar del actor que se retirara de escena antes de haber finalizado su papel y concluido la obra. Es más, nada esclavo hay en él, ninguna afectación, nada añadido, ni disociado, nada sometido a rendición de cuentas ni necesitado de escondrijo.

9. Venera la facultad intelectiva. En ella radica todo, para que no se halle jamás en tu guía interior una opinión inconsecuente con la naturaleza y con la disposición del ser racional. Esta, en efecto, garantiza la ausencia de precipitación, la familiaridad con los hombres y la conformidad con los dioses. 10. Desecha, pues, todo lo demás y conserva sólo unos pocos preceptos. Y además recuerda que cada uno vive exclusivamente el presente, el instante fugaz. Lo restante, o se ha vivido o es incierto; insignificante es, por tanto, la vida de cada uno, e insignificante también el rinconcillo de la tierra donde vive. Pequeña es asimismo la fama póstuma, incluso la más prolongada, y ésta se da a través de una sucesión de hombrecillos que muy pronto morirán, que ni siquiera se conocen a sí mismos, ni tampoco al que murió tiempo ha.

11. A los consejos mencionados añádase todavía uno: delimitar o describir siempre la imagen que sobreviene, de manera que se la pueda ver tal cual es en esencia, desnuda, totalmente entera a través de todos sus aspectos, y pueda designarse con su nombre preciso y con los nombres de aquellos elementos que la constituyeron y en los que se desintegrará. Porque nada es tan capaz de engrandecer el ánimo, como la posibilidad de comprobar con método y veracidad cada uno de los objetos que se presentan en la vida, y verlos siempre de tal modo que pueda entonces comprenderse en qué orden encaja, qué utilidad le proporciona este objeto, qué valor tiene con respecto a su conjunto, y cuál en relación al ciudadano de la ciudad más excelsa, de la que las demás ciudades son como casas. Qué es, y de qué elementos está compuesto y cuánto tiempo es natural que perdure este objeto que provoca ahora en mí esta imagen, y qué virtud preciso respecto a él: por ejemplo, mansedumbre, coraje, sinceridad, fidelidad, sencillez, autosuficiencia, etc. Por esta razón debe decirse respecto a cada una: esto procede de Dios; aquello se da según el encadenamiento de los hechos, según la trama compacta, según el

encuentro casual y por azar. Esto procede de un ser de mi raza, de un pariente, de un colega que, no obstante, ignora lo que es para él acorde con la naturaleza. Pero yo no lo ignoro; por esta razón me relaciono con él, de acuerdo con la ley natural propia de la comunidad, con benevolencia y justicia. Con todo, respecto a las cosas indiferentes, me decido conjeturando su valor.

12. Si ejecutas la tarea presente siguiendo la recta razón, diligentemente, con firmeza, con benevolencia y sin ninguna preocupación accesoria, antes bien, velas por la pureza de tu dios, como si fuera ya preciso restituirlo, si agregas esta condición de no esperar ni tampoco evitar nada, sino que te conformas con la actividad presente conforme a la naturaleza y con la verdad heroica en todo lo que digas y comentes, vivirás feliz. Y nadie será capaz de impedírtelo.

13. Del mismo modo que los médicos siempre tienen a mano los instrumentos de hierro para las curas de urgencia, así también, conserva tú a punto los principios fundamentales para conocer las cosas divinas y las humanas, y así llevarlo a cabo todo, incluso lo más insignificante, recordando la trabazón íntima y mutua de unas cosas con otras. Pues no llevarás a feliz término ninguna cosa humana sin relacionarla al mismo tiempo con las divinas, ni tampoco al revés.

14. No vagabundees más. Porque ni vas a leer tus memorias, ni tampoco las gestas de los romanos antiguos y griegos, ni las selecciones de escritos que reservabas para tu vejez. Apresúrate, pues, al fin, y renuncia a las vanas esperanzas y acude en tu propia ayuda, si es que algo de ti mismo te importa, mientras te queda esa posibilidad.

15. Desconocen cuántas acepciones tienen los términos: robar, sembrar, comprar, vivir en paz, ver lo que se debe hacer, cosa que no se consigue con los ojos, sino con una visión distinta.

16. Cuerpo, alma, inteligencia; propias del cuerpo, las sensaciones; del alma, los instintos; de la inteligencia, los principios. Recibir impresiones por medio de la imagen es propio también de las bestias, ser movido como un títere por los instintos corresponde también a las fieras, a los andróginos, a Fálaris y a Nerón. Pero tener a la inteligencia como guía hacia los deberes aparentes pertenece también a los que no creen en los dioses, a los que abandonan su

patria y a los que obran a su placer, una vez han cerrado las puertas. Por tanto, si lo restante es común a los seres mencionados, resta como peculiar del hombre excelente amar y abrazar lo que le sobreviene y se entrelaza con él. Y el no confundir ni perturbar jamás al Dios que tiene la morada dentro de su pecho con una multitud de imágenes, antes bien, velar para conservarse propicio, sumiso, disciplinadamente al Dios, sin mencionar una palabra contraria a la verdad, sin hacer nada contrario a la justicia. Y si todos los hombres desconfían de él, de que vive con sencillez, modestia y buen ánimo, no por ello se molesta con ninguno, ni se desvía del camino trazado que le lleva al fin de su vida, objetivo hacia el cual debe encaminarse, puro, tranquilo, liberado, sin violencias y en armonía con su propio destino.

LIBRO IV

1. El dueño interior, cuando está de acuerdo con la naturaleza, adopta, respecto a los acontecimientos, una actitud tal que siempre, y con facilidad, puede adaptarse a las posibilidades que se le dan. No tiene predilección por ninguna materia determinada, sino que se lanza instintivamente ante lo que se le presenta, con prevención, y convierte en materia para sí incluso lo que le era obstáculo; como el fuego, cuando se apropia de los objetos que caen sobre él, bajo los que una pequeña llama se habría apagado. Pero un fuego resplandeciente con gran rapidez se familiariza con lo que se le arroja encima y lo consume totalmente levantándose a mayor altura con estos nuevos escombros.

2. Ninguna acción debe emprenderse al azar ni de modo divergente a la norma consagrada por el arte.

3. Se buscan retiros en el campo, en la costa y en el monte. Tú también sueles anhelar tales retiros. Pero todo eso es de lo más vulgar, porque puedes, en el momento que te apetezca, retirarte en ti mismo. En ninguna parte un hombre se retira con mayor tranquilidad y más calma que en su propia alma; sobre todo aquel que posee en su interior tales bienes, que si se inclina hacia ellos, de inmediato consigue una tranquilidad total. Y denomino tranquilidad única y exclusivamente al buen orden. Concédete, pues, sin pausa, este retiro y recupérate. Sean breves y elementales los principios que, tan pronto

los hayas localizado, te bastarán para recluirte en toda tu alma y para enviarte de nuevo, sin enojo, a aquellas cosas de la vida ante las que te retiras. Porque, ¿contra quién te enojas? ¿Contra la ruindad de los hombres? Reconsidera este juicio: los seres racionales han nacido el uno para el otro, la tolerancia es parte de la justicia, sus errores son involuntarios. Reconsidera también cuántos, declarados ya enemigos, sospechosos u odiosos, atravesados por la lanza, están tendidos, reducidos a ceniza. Modérate de una vez. Pero, ¿estás molesto por el lote que se te asignó? Rememora la disyuntiva «o una providencia o átomos», y gracias a cuántas pruebas se ha demostrado que el mundo es como una ciudad. Pero, ¿te apresarán todavía las cosas corporales? Date cuenta de que el pensamiento no se mezcla con el hálito vital que se mueve suave o violentamente, una vez que se ha recuperado y ha comprendido su peculiar poder, y finalmente ten presente cuanto has oído y aceptado respecto al pesar y al placer. ¿Acaso te arrastrará la vanagloria? Dirige tu mirada a la prontitud con que se olvida todo y al abismo del tiempo infinito por ambos lados, a la vaciedad del eco, a la versatilidad e irreflexión de los que dan la impresión de elogiarte, a la angostura del lugar en que se circunscribe la gloria. Porque la tierra entera es un punto y de ella, ¿cuánto ocupa el rinconcillo que habitamos? Y allí, ¿cuántos y qué clase de hombres te elogiarán? Te resta, pues, tenlo presente, el refugio que se halla en este diminuto campo de ti mismo. Y por encima de todo, no te atormentes ni te esfuerces en demasía; antes bien, sé hombre libre y mira las cosas como varón, como hombre, como ciudadano, como ser mortal. Y entre las máximas que tendrás a mano y hacia las que te inclinarás, figuren estas dos: una, que las cosas no alcanzan al alma, sino que se encuentran fuera, desprovistas de temblor, y las turbaciones surgen de la única opinión interior. Y la segunda, que todas esas cosas que estás viendo, pronto se transformarán y ya no existirán. Piensa también constantemente de cuántas transformaciones has sido ya por casualidad testigo. «El mundo, alteración; la vida, opinión».

4. Si la inteligencia nos es común, también la razón, según la cual somos racionales, nos es común. Admitido eso, la razón que ordena lo que debe hacerse o evitarse, también es común. Concedido eso, también la ley es común. Convenido eso, somos ciudadanos. Aceptado eso, participamos de una ciudadanía. Si eso es así, el mundo es como una ciudad. Pues, ¿de qué otra común ciudadanía se podrá afirmar que participa todo el género humano? De allí, de esta común ciudad, proceden tanto la inteligencia misma como la razón y

la ley. O ¿de dónde? Porque al igual que la parte de tierra que hay en mí ha sido desgajada de cierta tierra, la parte húmeda, de otro elemento, la parte que infunde vida, de cierta fuente, y la parte cálida e ígnea de una fuente particular (pues nada viene de la nada, como tampoco nada desemboca en lo que no es), del mismo modo también la inteligencia procede de alguna parte.

5. La muerte, como el nacimiento, es un misterio de la naturaleza, combinación de ciertos elementos (y disolución) en ellos mismos. Y en suma, nada se da en ella por lo que uno podría sentir vergüenza, pues no es la muerte contraria a la condición de un ser inteligente ni tampoco a la lógica de su constitución.

6. Es natural que estas cosas se produzcan necesariamente así a partir de tales hombres. Y el que así no lo acepta, pretende que la higuera no produzca su zumo. En suma, recuerda que dentro de brevísimo tiempo, tú y ése habréis muerto, y poco después, ni siquiera vuestro nombre perdurará.

7. Destruye la sospecha y queda destruido lo de «se me ha dañado»; destruye la queja de «se me ha dañado» y destruido queda el daño.

8. Lo que no deteriora al hombre, tampoco deteriora su vida y no le daña ni externa ni internamente.

9. La naturaleza de lo útil está obligada a producir eso.

10. «Que todo lo que acontece, justamente acontece.» Lo constatarás, si prestas la debida atención. No digo sólo que acontece consecuentemente, sino también según lo justo e incluso como si alguien asignara la parte correspondiente según el mérito. Sigue, pues, observando como al principio, y lo que hagas, hazlo con el deseo de ser un hombre cabal, de acuerdo con el concepto estricto del hombre cabal. Conserva esta norma en toda actuación.

11. No consideres las cosas tal como las juzga el hombre insolente o como quiere que las juzgues; antes bien, examínalas tal como son en realidad.

12. Hay que tener siempre a punto estas dos disposiciones: una la de ejecutar exclusivamente aquello que la razón de tu potestad real y legislativa te sugiera para favorecer a los hombres; otra, la de cambiar de actitud, caso de que alguien se presente a corregirte y disuadirte de alguna de tus opiniones. Sin embargo, preciso es que esta nueva orientación tenga siempre su origen en cierta convicción de justicia o de interés a la comunidad y los motivos inductores deben tener exclusivamente tales características, no lo que parezca agradable o popular.

13. «¿Tienes razón?» «Tengo.» «¿Por qué, pues, no la utilizas?» «Pues si esto ya lo demuestra por sí solo, ¿qué más quieres?»

14. Subsistes como parte. Te desvanecerás en lo que te engendró; o mejor dicho, serás reasumido, mediante un proceso de transformación, dentro de tu razón generatriz.

15. Muchos pequeños granos de incienso se encuentran sobre el mismo altar; uno se consumió antes, el otro más tarde; y nada importa la diferencia.

16. Dentro de diez días les parecerás un dios, a quienes das la impresión ahora de ser una bestia y un mono, si vuelves de nuevo a los principios y a la veneración de la razón.

17. No actúes en la idea de que vas a vivir diez mil años. La necesidad ineludible pende sobre ti. Mientras vives, mientras es posible, sé virtuoso.

18. Cuánto tiempo libre gana el que no mira qué dijo, hizo o pensó el vecino, sino exclusivamente qué hace él mismo, a fin de que su acción sea justa, santa o enteramente buena. No dirijas la mirada a negros caracteres, sino corre directo hacia la línea de meta, sin desviarte.

19. El hombre que se desvive por la gloria póstuma no se imagina que cada uno de los que se han acordado de él morirá también muy pronto; luego, a su vez, morirá el que le ha sucedido, hasta extinguirse todo su recuerdo en un avance progresivo a través de objetos que se encienden y se apagan. Mas suponte que son incluso inmortales los que de ti se acordarán, e inmortal también tu

recuerdo. ¿En qué te afecta esto? Y no quiero decir que nada en absoluto le afecta al muerto, sino que al vivo, ¿qué le importa el elogio? A no ser en algún caso, por cierta ventaja para la administración. Abandonas, pues, ahora, inoportunamente el don de la naturaleza que depende de una razón distinta...

20. Por lo demás, todo lo que es bello en cierto modo, bello es por sí mismo, y termina en sí mismo sin considerar el elogio como parte de sí mismo. En consecuencia, ni se empeora ni se mejora el objeto que se alaba. Afirmo esto incluso tratándose de cosas que bastante comúnmente se denominan bellas, como, por ejemplo, los objetos materiales y los objetos fabricados. Lo que en verdad es realmente bello, ¿de qué tiene necesidad? No más que la ley, la verdad, la benevolencia o el pudor. ¿Cuál de estas cosas es bella por el hecho de ser alabada o se destruye por ser criticada? ¿Se deteriora la esmeralda porque no se la elogie? ¿Y qué decir del oro, del marfil, de la púrpura, de la lira, del puñal, de la florecilla, del arbusto?

21. Si las almas perduran, ¿cómo, desde la eternidad, consigue el aire darles cabida? ¿Y cómo la tierra es capaz de contener los cuerpos de los que vienen enterrándose desde tantísimo tiempo? Pues al igual que aquí, después de cierta permanencia, la transformación y disolución de estos cuerpos cede el sitio a otros cadáveres, así también las almas trasladadas a los aires, después de un período de residencia allí, se transforman, se dispersan y se inflaman reasumidas en la razón generatriz del conjunto, y, de esta manera, dejan sitio a las almas que viven en otro lugar. Esto podría responderse en la hipótesis de la supervivencia de las almas. Y conviene considerar no sólo la multitud de cuerpos que así se entierran, sino también la de los animales que cotidianamente comemos e incluso el resto de seres vivos. Pues, ¡cuán gran número es consumido y, en cierto modo, es sepultado en los cuerpos de los que con ellos se alimentan! Y, sin embargo, tienen cabida porque se convierten en sangre, se transforman en aire y fuego. ¿Cómo investigar la verdad sobre este punto? Mediante la distinción entre la causa material y la formal.

22. No te dejes zarandear; por el contrario, en todo impulso, corresponde con lo justo, y en toda fantasía, conserva la facultad de comprender.

23. Armoniza conmigo todo lo que para ti es armonioso, ¡oh, mundo! Ningún tiempo oportuno para ti es prematuro ni tardío para mí. Es fruto para mí todo lo que producen tus estaciones, oh naturaleza. De ti procede todo, en ti reside todo, todo vuelve a ti. Aquél dice: «¡Querida ciudad de Cécrope!» ¿Y tú no dirás: « ¡Ah, querida ciudad de Zeus!»?

24. «Abarca pocas actividades, dice, si quieres mantener el buen humor.» ¿No sería mejor hacer lo necesario y todo cuanto prescribe, y de la manera que lo prescribe, la razón del ser sociable por naturaleza? Porque este procedimiento no sólo procura buena disposición de ánimo para obrar bien, sino también el optimismo que proviene de estar poco ocupado. Pues la mayor parte de las cosas que decimos y hacemos, al no ser necesarias, si se las suprimiese reportarían bastante más ocio y tranquilidad. En consecuencia, es preciso recapacitar personalmente en cada cosa: ¿No estará esto entre lo que no es necesario? Y no sólo es preciso eliminar las actividades innecesarias, sino incluso las imaginaciones. De esta manera, dejarán de acompañarlas actividades superfluas.

25. Comprueba cómo te sienta la vida del hombre de bien que se contenta con la parte del conjunto que le ha sido asignada y que tiene suficiente con su propia actividad justa y con su benévola disposición.

26. ¿Hasta visto aquello? Ve también eso. No te aturdas. Muéstrate sencillo. ¿Yerra alguien? Yerra consigo mismo. ¿Te ha acontecido algo? Está bien. Todo lo que te sucede estaba determinado por el conjunto desde el principio y estaba tramado. En suma, breve es la vida. Debemos aprovechar el presente con buen juicio y justicia. Sé sobrio en relajarte.

27. O un mundo ordenado, o una mezcla confusa muy revuelta, pero sin orden. ¿Es posible que exista en ti cierto orden y, en cambio, en el todo desorden, precisamente cuando todo está tan combinado, ensamblado y solidario?

28. Carácter sombrío, carácter mujeril, carácter terco, feroz, brutal, pueril, indolente, falso, bufón, traficante, tiránico.

29. Si extraño al mundo es quien no conoce lo que en él hay, no menos extraño es también quien no conoce lo que en él acontece. Desterrado es el que huye de la razón social; ciego el que tiene cerrados los ojos de la inteligencia; mendigo el que tiene necesidad de otro y no tiene junto a sí todo lo que es necesario para vivir. Absceso del mundo el que renuncia y se aparta de la razón de la común naturaleza por el hecho de que está contrariado con lo que le acontece; pues produce eso aquella naturaleza que también a ti te produjo. Es un fragmento de la ciudad, el que separa su alma particular de la de los seres racionales, pues una sola es el alma.

30. El uno, sin túnica, vive como filósofo; el otro, sin libro; aquel otro, semidesnudo. «No tengo pan», dice, «pero persevero en la razón». Y yo tengo los recursos que proporcionan los estudios y no persevero.

31. Ama, admite el pequeño oficio que aprendiste; y pasa el resto de tu vida como persona que has confiado, con toda tu alma, todas tus cosas a los dioses, sin convertirte en tirano ni en esclavo de ningún hombre.

32. Piensa, por ejemplo, en los tiempos de Vespasiano. Verás siempre las mismas cosas: personas que se casan, crían hijos, enferman, mueren, hacen la guerra, celebran fiestas, comercian, cultivan la tierra, adulan, son orgullosos, recelan, conspiran, desean que algunos mueran, murmuran contra la situación presente, aman, atesoran, ambicionan los consulados, los poderes reales. Pues bien, la vida de aquéllos ya no existe en ninguna parte. Pasa de nuevo ahora a los tiempos de Trajano: nos encontraremos con idéntica situación; también aquel vivir ha fenecido. De igual modo contempla también y dirige la mirada al resto de documentos de los tiempos y de todas las naciones; cuántos, tras denodados esfuerzos, cayeron poco después y se desintegraron en sus elementos. Y especialmente debes reflexionar sobre aquellas personas que tú mismo viste esforzarse en vano, y olvidaban hacer lo acorde con su particular constitución: perseverar sin descanso en esto y contentarse con esto. De tal modo es necesario tener presente que la atención adecuada a cada acción tiene su propio valor y proporción. Pues así no te desanimarás, a no ser que ocupes más tiempo del apropiado en tareas bastante nimias.

33. Las palabras, antaño familiares, son ahora locuciones caducas. Lo mismo ocurre con los nombres de personas, que muy celebrados en otros tiempos, son ahora, en cierto modo, locuciones caducas: Camilo, Cesón, Voleso, Leonato; y, poco después, también Escipión y Catón; luego, también Augusto; después, Adriano y Antonino. Todo se extingue y poco después se convierte en legendario. Y bien pronto ha caído en un olvido total. Y me refiero a los que, en cierto modo, alcanzaron sorprendente relieve; porque los demás, desde que expiraron, son desconocidos, no mentados. Pero, ¿qué es, en suma, el recuerdo sempiterno? Vaciedad total. ¿Qué es, entonces, lo que debe impulsar nuestro afán? Tan sólo eso: un pensamiento justo, unas actividades consagradas al bien común, un lenguaje incapaz de engañar, una disposición para abrazar todo lo que acontece, como necesario, como familiar, como fluyente del mismo principio y de la misma fuente.

34. Confíate gustosamente a Cloto y déjala tejer la trama con los sucesos que quiera.

35. Todo es efímero: el recuerdo y el objeto recordado.

36. Contempla de continuo que todo nace por transformación, y habitúate a pensar que nada ama tanto la naturaleza del conjunto como cambiar las cosas existentes y crear nuevos seres semejantes. Todo ser, en cierto modo, es semilla del que de él surgirá. Pero tú sólo te imaginas las semillas que se echan en tierra o en una matriz. Y eso es ignorancia excesiva.

37. Estarás muerto en seguida, y aún no eres ni sencillo, ni imperturbable, ni andas sin recelo de que puedan dañarte desde el exterior, ni tampoco eres benévolo para con todos, ni cifras la sensatez en la práctica exclusiva de la justicia.

38. Examina con atención sus guías interiores e indaga qué evitan los sabios y qué persiguen.

39. No consiste tu mal en un guía interior ajeno ni tampoco en una variación y alteración de lo que te circunda. ¿En qué, pues? En aquello en ti que opina sobre los males. Por tanto, que no opine esa parte y todo va bien. Y aun en el caso de que su más cercano vecino, el cuerpo, sea cortado, quemado, alcanzado por el pus podrido,

permanezca con todo tranquila la pequeña parte que sobre eso opina, es decir, no juzgue ni malo ni bueno lo que igualmente puede acontecer a un hombre malo y a uno bueno. Porque lo que acontece tanto al que vive conforme a la naturaleza como al que vive contra ella, eso ni es conforme a la naturaleza ni contrario a ella.

40. Concibe sin cesar el mundo como un ser viviente único, que contiene una sola sustancia y un alma única, y cómo todo se refiere a una sola facultad de sentir, la suya, y cómo todo lo hace con un sólo impulso, y cómo todo es responsable solidariamente de todo lo que acontece, y cuál es la trama y contextura.

41. «Eres una pequeña alma que sustenta un cadáver», como decía Epicteto.

42. Ningún mal acontece a lo que está en curso de transformación, como tampoco ningún bien a lo que nace a consecuencia de un cambio. 43. El tiempo es un río y una corriente impetuosa de acontecimientos. Apenas se deja ver cada cosa, es arrastrada; se presenta otra, y ésta también va a ser arrastrada.

44. Todo lo que acontece es tan habitual y bien conocido como la rosa en primavera y los frutos en verano; algo parecido ocurre con la enfermedad, la muerte, la difamación, la conspiración y todo cuanto alegra o aflige a los necios.

45. Las consecuencias están siempre vinculadas con los antecedentes; pues no se trata de una simple enumeración aislada y que contiene tan sólo lo determinado por la necesidad, sino de una combinación racional. Y al igual que las cosas que existen tienen una coordinación armónica, así también los acontecimientos que se producen manifiestan no una simple sucesión, sino cierta admirable afinidad.

46. Tener siempre presente la máxima de Heráclito: «La muerte de la tierra es convertirse en agua, la muerte del agua es convertirse en aire, la muerte del aire es convertirse en fuego, e inversamente». Y recordar también lo del que olvida adónde conduce el camino. Y asimismo que «con aquello que más frecuente trato tienen, a saber, con la razón que gobierna el conjunto del universo, con esto disputan, y les parecen extrañas las cosas que a diario les suceden». Y además:

«No hay que actuar y hablar como durmiendo», pues también entonces nos parece que actuamos y hablamos. Y que «no hay que ser como hijos de los padres», es decir, aceptar las cosas de forma simple, como las has heredado.

47. Como si un dios te hubiese dicho: «Mañana morirás o, en todo caso, pasado mañana», no habrías puesto mayor empeño en morir pasado mañana que mañana, a menos que fueras extremadamente vil. (Porque, ¿cuánta es la diferencia?). De igual modo, no consideres de gran importancia morir al cabo de muchos años en vez de mañana.

48. Considera sin cesar cuántos médicos han muerto después de haber fruncido el ceño repetidas veces sobre sus enfermos; cuántos astrólogos, después de haber vaticinado, como hecho importante, la muerte de otros; cuántos filósofos, después de haber sostenido innumerables discusiones sobre la muerte o la inmortalidad; cuántos jefes, después de haber dado muerte a muchos; cuántos tiranos, tras haber abusado, como si fueran inmortales, con tremenda arrogancia, de su poder sobre vidas ajenas, y cuántas ciudades enteras, por así decirlo, han muerto: Hélice, Pompeya, Herculano y otras incontables. Remóntate también, uno tras otro, a todos cuantos has conocido. Éste, después de haber tributado los honores fúnebres a aquél, fue sepultado seguidamente por otro; y así sucesivamente. Y todo en poco tiempo. En suma, examina siempre las cosas humanas como efímeras y carentes de valor: ayer, una moquita; mañana, momia o ceniza. Por tanto, recorre este pequeñísimo lapso de tiempo obediente a la naturaleza y acaba tu vida alegremente, como la aceituna que, llegada a la sazón, caería elogiando a la tierra que la llevó a la vida y dando gracias al árbol que la produjo.

49. Ser igual que el promontorio contra el que sin interrupción se estrellan las olas. Éste se mantiene firme, y en torno a él se adormece la espuma del oleaje. «¡Desdichado de mí, porque me aconteció eso!» Pero no, al contrario: «Soy afortunado, porque, a causa de lo que me ha ocurrido, persisto hasta el fin sin aflicción, ni abrumado por el presente ni asustado por el futuro.» Porque algo semejante pudo acontecer a todo el mundo, pero no todo el mundo hubiera podido seguir hasta el fin, sin aflicción, después de eso. ¿Y por qué, entonces, va a ser eso un infortunio más que esto buena fortuna? ¿Acaso denominas, en suma, desgracia de un hombre a lo

que no es desgracia de la naturaleza del hombre? ¿Y te parece aberración de la naturaleza humana lo que no va contra el designio de su propia naturaleza? ¿Por qué, pues? ¿Has aprendido tal designo? ¿Te impide este suceso ser justo, magnánimo, sensato, prudente, reflexivo, sincero, discreto, libre, etc., conjunto de virtudes con las cuales la naturaleza humana contiene lo que le es peculiar? Acuérdate, a partir de ahora, en todo suceso que te induzca a la aflicción, de utilizar este principio: No es eso un infortunio, sino una dicha soportarlo con dignidad.

50. Remedio sencillo, pero con todo eficaz, para menospreciar la muerte es recordar a los que se han apegado con tenacidad a la vida. ¿Qué más tienen que los que han muerto prematuramente? En cualquier caso yacen en alguna parte Cadiciano, Fabio, Juliano, Lépido y otros como ellos, que a muchos llevaron a la tumba, para ser también ellos llevados después. En suma, pequeño es el intervalo de tiempo; y ese, ¡a través de cuántas fatigas, en compañía de qué tipo de hombres y en qué cuerpo se agota! Luego no lo tengas por negocio. Mira detrás de ti el abismo de la eternidad y delante de ti otro infinito. A la vista de eso, ¿en qué se diferencian el niño que ha vivido tres días y el que ha vivido tres veces más que Gereneo?

51. Corre siempre por el camino más corto, y el más corto es el que discurre de acuerdo con la naturaleza. En consecuencia, habla y obra en todo de la manera más sana, pues tal propósito libera de las aflicciones, de la disciplina militar, de toda preocupación administrativa y afectación.

LIBRO V

1. Al amanecer, cuando de mala gana y perezosamente despiertes, acuda puntual a ti este pensamiento: «Despierto para cumplir una tarea propia de hombre.» ¿Voy, pues, a seguir disgustado, si me encamino a hacer aquella tarea que justifica mi existencia y para la cual he sido traído al mundo? ¿O es que he sido formado para calentarme, reclinado entre pequeños cobertores? «Pero eso es más agradable». ¿Has nacido, pues, para deleitarte? Y, en suma, ¿has nacido para la pasividad o para la actividad? ¿No ves que los arbustos, los pajarillos, las hormigas, las arañas, las abejas, cumplen su

función propia, contribuyendo por su cuenta al orden del mundo? Y tú entonces, ¿rehúsas hacer lo que es propio del hombre? ¿No persigues con ahínco lo que está de acuerdo con tu naturaleza? «Mas es necesario también reposar.» Lo es; también yo lo mantengo. Pero también la naturaleza ha marcado límites al reposo, como también ha fijado límites en la comida y en la bebida, y a pesar de eso, ¿no superas la medida, excediéndote más de lo que es suficiente? Y en tus acciones no sólo no cumples lo suficiente, sino que te quedas por debajo de tus posibilidades. Por consiguiente, no te amas a ti mismo, porque ciertamente en aquel caso amarías tu naturaleza y su propósito. Otros, que aman su profesión, se consumen en el ejercicio del trabajo idóneo, sin lavarse y sin comer. Pero tú estimas menos tu propia naturaleza que el cincelador su cincel, el danzarín su danza, el avaro su dinero, el presuntuoso su vanagloria. Estos, sin embargo, cuando sienten pasión por algo, ni comer ni dormir quieren antes de haber contribuido al progreso de aquellos objetivos a los que se entregan. Y a ti, ¿te parecen las actividades comunitarias desprovistas de valor y merecedoras de menor atención?

2. ¡Cuán fácil es rechazar y borrar toda imaginación molesta o impropia, e inmediatamente encontrarse en una calma total!

3. Júzgate digno de toda palabra y acción acorde con la naturaleza; y no te desvíe de tu camino la crítica que algunos suscitarán o su propósito; por el contrario, si está bien haber actuado y haber hablado, no te consideres indigno. Pues aquéllos tienen su guía particular y se valen de su particular inclinación. Mas no codicies tú esas cosas; antes bien, atraviesa el recto camino consecuente con tu propia naturaleza y con la naturaleza común; pues el camino de ambas es único.

4. Camino siguiendo las sendas acordes con la naturaleza, hasta caer y al fin descansar, expirando en este aire que respiro cada día y cayendo en esta tierra de donde mi padre recogió la semilla, mi madre la sangre y mi nodriza la leche; de donde, cada día, después de tantos años, me alimento y refresco, que me sostiene, mientras camino, y que me aprovecha de tantas maneras.

5. «No pueden admirar tu perspicacia.» Está bien. Pero existen otras muchas cualidades sobre las que no puedes decir: «No tengo dotes naturales.» Procúrate, pues, aquellas que están enteramente en

tus manos: la integridad, la gravedad, la resistencia al esfuerzo, el desprecio a los placeres, la resignación ante el destino, la necesidad de pocas cosas, la benevolencia, la libertad, la sencillez, la austeridad, la magnanimidad. ¿No te das cuenta de cuántas cualidades puedes procurarte ya, respecto a las cuales ningún pretexto tienes de incapacidad natural ni de insuficiente aptitud? Con todo, persistes todavía por propia voluntad por debajo de tus posibilidades. ¿Acaso te ves obligado a refunfuñar, a ser mezquino, a adular, a echar las culpas a tu cuerpo, a complacerte, a comportarte atolondradamente, a tener tu alma tan inquieta a causa de tu carencia de aptitudes naturales? No, por los dioses. Tiempo ha que pudiste estar libre de estos defectos, y tan sólo ser acusado tal vez de excesiva lentitud y torpeza de comprensión. Pero también esto es algo que debe ejercitarse, sin menospreciar la lentitud ni complacerse en ella.

6. Existe cierto tipo de hombre que, cuando ha hecho un favor a alguien, está dispuesto también a cargarle en cuenta el favor; mientras que otra persona no está dispuesta a proceder así. Pero, con todo, en su interior, le considera como si fuera un deudor y es consciente de lo que ha hecho. Un tercero ni siquiera, en cierto modo, es consciente de lo que ha hecho, sino que es semejante a una vid que ha producido racimos y nada más reclama después de haber producido el fruto que le es propio, como el caballo que ha corrido, el perro que ha seguido el rastro de la pieza o la abeja que ha producido miel. Así, el hombre que hizo un favor, no persigue un beneficio, sino que lo cede a otro, del mismo modo que la vid se aplica a producir nuevos racimos a su debido tiempo. Luego, ¿es preciso encontrarse entre los que proceden así, en cierto modo, inconscientemente? «Sí, pero hay que darse cuenta de esto mismo; porque es propio del ser sociable, manifiesta, darse cuenta de que obra de acuerdo y conforme al bien común, y, ¡por Zeus!, lo es también querer que su asociado se dé cuenta.» Cierto es lo que dices, pero tergiversas lo que acabo de decir. Por ello tú serás uno de aquellos de los que anteriormente hice mención, pues aquellos también se dejan extraviar por cierta verisimilitud lógica. Y si intentas comprender el sentido de mis palabras, no temas por eso omitir cualquier acción útil a la sociedad.

7. Súplica de los atenienses: «Envíanos la lluvia, envíanos la lluvia, Zeus amado, sobre nuestros campos de cultivo y llanuras.» O no hay que rezar, o hay que hacerlo así, con sencillez y espontáneamente.

8. Como suele decirse: «Asclepio le ordenó la equitación, los baños de agua fría, el caminar descalzo», de modo similar también eso: «La naturaleza universal ha ordenado para éste una enfermedad o una mutilación o una pérdida de un órgano o alguna otra cosa semejante.» Pues allí el término «ordenó» significa algo así como: «te ha prescrito este tratamiento como apropiado para recobrar la salud». Y aquí: «lo que sucede a cada uno le ha sido, en cierto modo, asignado como correspondiente a su destino». Así también nosotros decimos que lo que nos acontece nos conviene, al igual que los albañiles suelen decir que en las murallas o en las pirámides las piedras cuadrangulares se ensamblan unas con otras armoniosamente según determinado tipo de combinación. En resumen, armonía no hay más que una, y del mismo modo que el mundo, cuerpo de tales dimensiones, se complementa con los cuerpos, así también el Destino, causa de tales dimensiones, se complementa con todas las causas. E incluso, los más ignorantes comprenden mis palabras. Pues dicen: «esto le deparaba el Destino». Por consiguiente, esto le era llevado y esto le era asignado. Aceptemos, pues, estos sucesos como las prescripciones de Asclepio. Muchas son, en efecto, entre aquéllas, duras, pero las abrazamos con la esperanza de la salud. Ocasione en ti impresión semejante el cumplimiento y consumación de lo que decide la naturaleza común, como si se tratara de tu propia salud. Y del mismo modo abraza también todo lo que acontece, aunque te parezca duro, porque conduce a aquel objetivo, a la salud del mundo, al progreso y bienestar de Zeus. Pues no habría deparado algo así a éste, de no haber importado al conjunto; porque la naturaleza, cualquiera que sea, nada produce que no se adapte al ser gobernado por ella. Por consiguiente, conviene amar lo que te acontece por dos razones: Una, porque para ti se hizo, y a ti se te asignó y, en cierto modo, a ti estaba vinculado desde arriba, encadenado por causas muy antiguas; y en segundo lugar, porque lo que acontece a cada uno en particular es causa del progreso, de la perfección y ¡por Zeus! de la misma continuidad de aquél que gobierna el conjunto del universo. Pues queda mutilado el conjunto entero, caso de ser cortada, aunque mínimamente, su conexión y continuidad, tanto de sus partes como de sus causas. Y, en efecto, quiebras dicha trabazón, en la medida que de ti depende, siempre que te disgustas y, en cierto modo, la destruyes.

9. No te disgustes, ni desfallezcas, ni te impacientes, si no te resulta siempre factible actuar de acuerdo con rectos principios. Por el contrario, cuando has sido rechazado, reemprende la tarea con renovado ímpetu y date por satisfecho si la mayor parte de tus acciones son bastante más humanas y ama aquello a lo que de nuevo encaminas tus pasos, y no retornes a la filosofía como a un maestro de escuela, sino como los que tienen una dolencia en los ojos se encaminan a la esponjita y al huevo, como otro acude a la cataplasma, como otro a la loción. Pues así no pondrás de manifiesto tu sumisión a la razón, sino que reposarás en ella. Recuerda también que la filosofía sólo quiere lo que tu naturaleza quiere, mientras que tú querías otra cosa no acorde con la naturaleza. Porque, ¿qué cosa es más agradable que esto?, ¿no nos seduce el placer por su atractivo? Mas examina si es más agradable la magnanimidad, la libertad, la sencillez, la benevolencia, la santidad. ¿Existe algo más agradable que la propia sabiduría, siempre que consideres que la estabilidad y el progreso proceden en todas las circunstancias de la facultad de la inteligencia y de la ciencia?

10. Las cosas se hallan, en cierto modo, en una envoltura tal, que no pocos filósofos, y no unos cualquiera, han creído que son absolutamente incomprensibles; es más, incluso los mismos estoicos las creen difíciles de comprender. Todo asentimiento nuestro está expuesto a cambiar; pues, ¿dónde está el hombre que no cambia? Pues bien, encamina tus pasos a los objetos sometidos a la experiencia; ¡cuán efímeros son, sin valor y capaces de estar en posesión de un libertino, de una prostituta o de un pirata! A continuación, pasa a indagar el carácter de los que contigo viven: a duras penas se puede soportar al más agradable de éstos, por no decir que incluso a sí mismo se soporta uno con dificultad. Así, pues, en medio de tal oscuridad y suciedad, y de tan gran flujo de la sustancia y del tiempo, del movimiento y de los objetos movidos, no concibo qué cosa puede ser especialmente estimada o, en suma, objeto de nuestros afanes. Por el contrario, es preciso exhortarse a sí mismo y esperar la desintegración natural, y no inquietarse por su demora, sino calmarse con estos únicos principios: uno, que nada me ocurrirá no acorde con la naturaleza del conjunto; y otro, que tengo la posibilidad de no hacer nada contrario a mi Dios y Genio interior. Porque nadie me forzará a ir contra éste.

11. ¿Para qué me sirve ahora mi alma? En toda ocasión, plantearme esta pregunta e indagar qué tengo ahora en esa parte que precisamente llaman guía interior, y de quién tengo alma en el momento presente. ¿Acaso de un niño, de un jovencito, de una mujercita, de un tirano, de una bestia, de una fiera?

12. Cuáles son las cosas que el vulgo considera buenas, podrías comprenderlo por lo siguiente. Porque si alguien pensara de verdad que ciertas cosas son buenas, como la sabiduría, la prudencia, la justicia, la valentía, después de una comprensión previa de estos conceptos, no sería capaz de oír eso de: «tan cargado está de bienes», pues no armonizaría con él tal rasgo. Mientras que si uno concibe previamente lo que el vulgo reputa por bueno, oirá y aceptará fácilmente como designación apropiada lo que el poeta cómico dice. ¡Hasta tal punto el vulgo intuye la diferencia! En efecto, este verso no dejaría de chocar ni de ser repudiado, mientras que aquél, tratándose de la riqueza y buena fortuna que conducen al lujo o a la fama, lo acogemos como pronunciado apropiada y elegantemente. Prosigue, pues, y pregunta si deben estimarse e imaginarse tales cosas como buenas, esas que si se evaluaran apropiadamente, se podría concluir que su poseedor, debido a la abundancia de bienes, «no tiene dónde evacuar».

13. He sido compuesto de causa formal y materia; ninguno de esos dos elementos acabará en el no ser, del mismo modo que tampoco surgieron del no ser. Por consiguiente, cualquier parte mía será asignada por transformación a una parte del universo; a su vez aquélla se transformará en otra parte del universo, y así hasta el infinito. Y por una transformación similar nací yo, y también mis progenitores, siendo posible remontarnos hasta otro infinito. Porque nada impide hablar así, aunque el universo sea gobernado por períodos limitados.

14. La razón y el método lógico son facultades autosuficientes para sí y para las operaciones que les conciernen. Parten, en efecto, del principio que les es propio y caminan hacia un fin preestablecido; por eso tales actividades se denominan «acciones rectas», porque indican la rectitud del camino.

15. Ninguna de las cosas que no competen al hombre, en tanto que es hombre, debe éste observar. No son exigencias del hombre, ni

su naturaleza las anuncia, ni tampoco son perfecciones de la naturaleza del hombre. Pues bien, tampoco reside en ellas el fin del hombre, ni tampoco lo que contribuye a colmar el fin: el bien. Es más, si alguna de estas cosas concerniera al hombre, no sería de su incumbencia menospreciarlas ni sublevarse contra ellas; tampoco podría ser elogiado el hombre que se presentase como sin necesidad de ellas ni sería bueno el hombre propenso a actuar por debajo de sus posibilidades en alguna de ellas, si realmente ellas fueran bienes. Pero ahora, cuanto más se despoja uno de estas cosas u otras semejantes o incluso soporta ser despojado de una de ellas, tanto más es hombre de bien.

16. Como formes tus imaginaciones en repetidas veces, tal será tu inteligencia, pues el alma es teñida por sus imaginaciones. Tíñela, pues, con una sucesión de pensamientos como éstos: donde es posible vivir, también allí se puede vivir bien y es posible vivir en palacio, luego es posible también vivir bien en palacio. Y asimismo que cada ser tiende hacia el fin por el cual ha sido constituido y en virtud del cual ha sido constituido. Y donde está el fin, allí también el interés y el bien de cada uno se encuentra. Naturalmente, el bien de un ser racional es la comunidad. Que efectivamente hemos nacido para vivir en comunidad, tiempo ha que ha sido demostrado. ¿No estaba claro que los seres inferiores existen con vistas a los superiores, y éstos para ayudarse mutuamente? Y los seres animados son superiores a los inanimados, y los racionales superiores a los animados.

17. Perseguir lo imposible es propio de locos; pero es imposible que los necios dejen de hacer algunas necedades.

18. A nadie sucede nada que no pueda por su naturaleza soportar. A otro le acontece lo mismo y, ya sea por ignorancia de lo ocurrido, ya sea por alardear de magnanimidad, se mantiene firme y resiste sin daño. Es terrible, en efecto, que la ignorancia y la excesiva complacencia sean más poderosas que la sabiduría.

19. Las cosas por sí solas no tocan en absoluto el alma ni tienen acceso a ella ni pueden girarla ni moverla. Tan sólo ella se gira y mueve a sí misma, y hace que las cosas sometidas a ella sean semejantes a los juicios que estime dignos de sí.

20. En un aspecto el hombre es lo más estrechamente vinculado a nosotros, en tanto que debemos hacerles bien y soportarlos. Pero en cuanto que algunos obstaculizan las acciones que nos son propias, se convierte el hombre en una de las cosas indiferentes para mí, no menos que el sol, el viento o la bestia. Y por culpa de éstos podría obstaculizarse alguna de mis actividades, pero gracias a mi instinto y a mi disposición no son obstáculos, debido a mi capacidad de selección y de adaptación a las circunstancias. Porque la inteligencia derriba y desplaza todo lo que obstaculiza su actividad encaminada al objetivo propuesto, y se convierte en acción lo que retenía esta acción, y en camino lo que obstaculizaba este camino.

21. Respeta lo más excelente que hay en el mundo; y eso es lo que se sirve de todo y cuida de todo. E igualmente estima lo más excelente que en ti reside; y eso es del mismo género que aquello. Y en ti lo que aprovecha a los demás es eso y eso es lo que gobierna tu vida.

22. Lo que no es dañino a la ciudad, tampoco daña al ciudadano. Siempre que imagines que has sido víctima de un daño, procúrate este principio: si la ciudad no es dañada por eso, tampoco yo he sido dañado. Pero si la ciudad es dañada, ¿no debes irritarte con el que daña a la ciudad? ¿Qué justifica tu negligencia?

23. Reflexiona repetidamente sobre la rapidez de tránsito y alejamiento de los seres existentes y de los acontecimientos. Porque la sustancia es como un río en incesante fluir, las actividades están cambiando de continuo y las causas sufren innumerables alteraciones. Casi nada persiste y muy cerca está este abismo infinito del pasado y del futuro, en el que todo se desvanece. ¿Cómo, pues, no va a estar loco el que en estas circunstancias se enorgullece, se desespera o se queja en base a que sufrió alguna molestia cierto tiempo e incluso largo tiempo?

24. Recuerda la totalidad de la sustancia, de la que participas mínimamente, y la totalidad del tiempo, del que te ha sido asignado un intervalo breve e insignificante, y del destino, del cual, ¿qué parte ocupas?

25. ¿Comete otro una falta contra mí? Él verá. Tiene su peculiar disposición, su peculiar modo de actuar. Tengo yo ahora lo que la

común naturaleza quiere que tenga ahora, y hago lo que mi naturaleza quiere que ahora haga.

26. Sea el guía interior y soberano de tu alma una parte indiferente al movimiento, suave o áspero, de la carne, y no se mezcle, sino que se circunscriba, y limite aquellas pasiones a los miembros. Y cuando éstas progresen y alcancen la inteligencia, por efecto de esa otra simpatía, como en un cuerpo unificado, entonces no hay que enfrentarse a la sensación, que es natural, pero tampoco añada el guía interior de por sí la opinión de que se trata de un bien o de un mal.

27. «Convivir con los dioses.» Y convive con los dioses aquel que constantemente les demuestra que su alma está satisfecha con la parte que le ha sido asignada, y hace. todo cuanto quiere el genio divino, que, en calidad de protector y guía, fracción de sí mismo, asignó Zeus a cada uno. Y esta divinidad es la inteligencia y razón de cada uno.

28. ¿Te sientes molesto con el que huele a macho cabrío? ¿Te molestas con el hombre al que le huele el aliento? ¿Qué puede hacer? Así es su boca, así son sus axilas; es necesario que tal emanación salga de tales causas. «Mas el hombre tiene razón, afirma, y puede comprender, si reflexiona, la razón de que moleste.» ¡Sea enhorabuena! Pues también tú tienes razón. Incita con tu disposición lógica su disposición lógica, hazle comprender, sugiérele. Pues si te atiende, le curarás y no hay necesidad de irritarse. Ni actor trágico ni prostituta.

29. Tal como proyectas vivir después de partir de aquí, así te es posible vivir en este mundo; pero caso de que no te lo permitan, entonces sal de la vida, pero convencido de que no sufres ningún mal. Hay humo y me voy. ¿Por qué consideras eso un negocio? Mientras nada semejante me eche fuera, permanezco libre y nadie me impedirá hacer lo que quiero. Y yo quiero lo que está de acuerdo con la naturaleza de un ser vivo racional y sociable.

30. La inteligencia del conjunto universal es sociable. Así, por ejemplo, ha hecho las cosas inferiores en relación con las superiores y ha armonizado las superiores entre sí. Ves cómo ha subordinado,

coordinado y distribuido a cada uno según su mérito, y ha reunido los seres superiores con el objeto de una concordia mutua.

31. ¿Cómo te has comportado hasta la fecha con los dioses, con tus padres, tus hermanos, tu mujer, tus hijos, tus maestros, tus preceptores, tus amigos, tus familiares, tus criados? ¿Acaso en el trato con todos hasta ahora te es aplicable lo de: «Ni hacer mal a nadie ni decirlo»? Recuerda también por qué lugares has cruzado y qué fatigas has sido capaz de aguantar; y asimismo que la historia de tu vida está ya colmada y tu servicio cumplido; y cuántas cosas bellas has visto, cuántos placeres y dolores has desdeñado, cuántas ambiciones de gloria has ignorado; con cuántos insensatos te has comportado con deferencia.

32. ¿Por qué almas rudas e ignorantes confunden un alma instruida y sabia? ¿Cuál es, pues, un alma instruida y sabia? La que conoce el principio y el fin y la razón que abarca la sustancia del conjunto y que, a lo largo de toda la eternidad, gobierna el Todo de acuerdo con ciclos determinados.

33. Dentro de poco, ceniza o esqueleto, y o bien un nombre o ni siquiera un nombre; y el nombre, un ruido y un eco. E incluso las cosas más estimadas en la vida son vacías, podridas, pequeñas, perritos que se muerden, niños que aman la riña, que ríen y al momento lloran. Pues la confianza, el pudor, la justicia y la verdad, «al Olimpo, lejos de la tierra de anchos caminos». ¿Qué es, pues, lo que todavía te retiene aquí, si las cosas sensibles son cambiantes e inestables, si los sentidos son ciegos y susceptibles de recibir fácilmente falsas impresiones, y el mismo hálito vital es una exhalación de la sangre, y la buena reputación entre gente así algo vacío? ¿Qué, entonces? ¿Aguardarás benévolo tu extinción o tu traslado. Mas, en tanto se presenta aquella oportunidad, ¿qué basta? ¿Y qué otra cosa sino venerar y bendecir a los dioses, hacer bien a los hombres, soportarles y abstenerse? Y respecto a cuanto se halla dentro de los límites de tu carne y hálito vital, recuerda que eso ni es tuyo ni depende de ti.

34. Puedes encauzar bien tu vida, si eres capaz de caminar por la senda buena, si eres capaz de pensar y actuar con método. Esas dos cosas son comunes al alma de Dios, a la del hombre y a la de todo

ser racional: el no ser obstaculizado por otro, el cifrar el bien en una disposición y actuación justa y el poner fin a tu aspiración aquí.

35. Si eso ni es maldad personal ni resultado de mi ruindad ni perjudica a la comunidad, ¿a qué inquietarme por ello?, ¿ y cuál es el daño a la comunidad?

36. No te dejes arrastrar totalmente por la imaginación; antes bien, presta ayuda en la medida de tus posibilidades y según su mérito; y aunque estén en inferioridad en las cosas mediocres, no imagines, sin embargo, que eso es dañino, pues sería un mal hábito. Y al igual que el anciano que, al irse, pedía la peonza de su pequeño, teniendo presente que era una peonza, también tu procede así. Luego te encuentras en la tribuna gritando. Hombre, ¿es que has olvidado de qué se trataba? «Sí, pero otros en esas cosas ponen gran empeño.» ¿Acaso por eso, vas tú también a enloquecer?

LIBRO VI

1. La sustancia del conjunto universal es dócil y maleable. Y la razón que la gobierna no tiene en sí ningún motivo para hacer mal, pues no tiene maldad, y ni hace mal alguno ni nada recibe mal de aquélla. Todo se origina y llega a su término de acuerdo con ella.

2. Sea indiferente para ti pasar frío o calor, si cumples con tu deber, pasar la noche en vela o saciarte de dormir, ser criticado o elogiado, morir o hacer otra cosa. Pues una de las acciones de la vida es también aquella por la cual morimos. En efecto, basta también para este acto «disponer bien el presente».

3. Mira el interior; que de ninguna cosa te escape ni su peculiar cualidad ni su mérito.

4. Todas las cosas que existen rapidísimamente se transformarán y, o se evaporarán, si la sustancia es una, o se dispersarán.

S. La razón que gobierna sabe cómo se encuentra, qué hace y sobre qué materia.

6. La mejor manera de defenderte es no asimilarte a ellos.

7. Regocíjate y descansa en una sola cosa: en pasar de una acción útil a la sociedad a otra acción útil a la sociedad, teniendo siempre presente a Dios.

8. El guía interior es lo que se despierta a sí mismo, se gira y se hace a sí mismo como quiere, y hace que todo acontecimiento le aparezca tal como él quiere.

9. Todas y cada una de las cosas llegan a su término de acuerdo con la naturaleza del conjunto, y no según otra naturaleza que abarque el mundo exteriormente, o esté incluida en su interior, o esté desvinculada en el exterior.

10. Barullo, entrelazamiento y dispersión, o bien unión, orden y previsión. Si efectivamente es lo primero, ¿por qué deseo demorar mi estancia en una azarosa mezcla y confusión tal? ¿Y por qué va a importarme otra cosa que no sea saber cómo «convertirme un día en tierra»? ¿Y por qué turbarme? Pues la dispersión me alcanzará, haga lo que haga. Y si es lo segundo, venero, persisto y confío en el que gobierna.

11. Siempre que te veas obligado por las circunstancias como a sentirte confuso, retorna a ti mismo rápidamente y no te desvíes fuera de tu ritmo más de lo necesario. Pues serás bastante más dueño de la armonía gracias a tu continuo retomar a la misma.

12. Si tuvieras simultáneamente una madrastra y una madre, atenderías a aquélla, pero con todo las visitas a tu madre serían continuas. Eso tienes tú ahora: el palacio y la filosofía. Así, pues, retorna a menudo a ella y en ella reposa; gracias a ésta, las cosas de allí te parecen soportables y tú eres soportable entre ellos.

13. Al igual que se tiene un concepto de las carnes y pescados y comestibles semejantes, sabiendo que eso es un cadáver de pez, aquello cadáver de un pájaro o de un cerdo; y también que el Falerno es zumo de uva, y la toga pretexta lana de oveja teñida con sangre de

marisco; y respecto a la relación sexual, que es una fricción del intestino y eyaculación de un moquillo acompañada de cierta convulsión. ¡Cómo, en efecto, estos conceptos alcanzan sus objetos y penetran en su interior, de modo que se puede ver lo que son! De igual modo es preciso actuar a lo largo de la vida entera, y cuando las cosas te dan la impresión de ser dignas de crédito en exceso, desnúdalas y observa su nulo valor, y despójalas de la ficción, por la cual se vanaglorian. Pues el orgullo es un terrible embaucador de la razón, y cuando piensas ocuparte mayormente de las cosas serias, entonces, sobre todo, te embauca. Mira, por ejemplo, qué dice Crates acerca del mismo Jenócrates.

14. La mayor parte de las cosas que el vulgo admira se refieren a las más generales, a las constituidas por una especie de ser o naturaleza: piedras, madera, higueras, vides, olivos. Las personas un poco más comedidas tienden a admirar los seres animados, como los rebaños de vacas, ovejas o, sencillamente, la propiedad de esclavos. Y las personas todavía más agraciadas, las cosas realizadas por el espíritu racional, mas no el universal, sino aquél en tanto que es hábil en las artes o ingenioso de otra maneras [o simplemente capaz de adquirir multitud de esclavos]. Pero el que honra el alma racional universal y social no vuelve su mirada a ninguna de las restantes cosas, y ante todo, procura conservar su alma en disposición y movimiento acorde con la razón y el bien común, y colabora con su semejante para alcanzar ese objetivo.

15. Unas cosas ponen siempre su empeño en llegar a ser, otras ponen su afán en persistir, pero una parte de lo que llega a ser se extinguió ya. Flujos y alteraciones renuevan incesantemente el mundo, al igual que el paso ininterrumpido del tiempo proporciona siempre nueva la eternidad infinita. En medio de ese río, sobre el cual no es posible detenerse, ¿qué cosa entre las que pasan corriendo podría estimarse? Como si alguien empezara a enamorarse de uno de los gorrioncillos que vuelan a nuestro alrededor, y él ya ha desaparecido de nuestros ojos. Tal es en cierto modo la vida misma de cada uno, como la exhalación de la sangre y la inspiración de aire. Pues, cual el inspirar una vez el aire y expulsarlo, cosa que hacemos a cada momento, tal es también el devolver allí, de donde la sacaste por primera vez, toda la facultad respiratoria, que tú adquiriste ayer o anteayer, recién venido al mundo.

16. Ni es meritorio transpirar como las plantas, ni respirar como el ganado y las fieras, ni ser impresionado por la imaginación, ni ser movido como una marioneta por los impulsos, ni agruparse como rebaños, ni alimentarse; pues eso es semejante a la evacuación de las sobras de la comida. ¿Qué vale la pena, entonces? ¿Ser aplaudido? No. Por consiguiente, tampoco ser aplaudido por golpeteo de lenguas, que las alabanzas del vulgo son golpeteo de lenguas. Por tanto, has renunciado también a la vanagloria. ¿Qué queda digno de estima? Opino que el moverse y mantenerse de acuerdo con la propia constitución, fin al que conducen las ocupaciones y las artes. Porque todo arte apunta a este objetivo, a que la cosa constituida sea adecuada a la obra que ha motivado su constitución. Y tanto el hombre que se ocupa del cultivo de la vid, como el domador de potros, y el que amaestra perros, persiguen este resultado. ¿Y a qué objetivo tienden con ahínco los métodos de educación y enseñanza? A la vista está, pues, lo que es digno de estima. Y si en eso tienes éxito, ninguna otra cosa te preocupará. ¿Y no cesarás de estimar otras muchas cosas? Entonces ni serás libre, ni te bastarás a ti mismo, ni estarás exento de pasiones. Será necesario que envidies, tengas celos, receles de quienes pueden quitarte aquellos bienes, y tendrás necesidad de conspirar contra los que tienen lo que tú estimas. En suma, forzosamente la persona falta de alguno de aquellos bienes estará turbada y además censurará muchas veces a los dioses. Mas el respeto y la estima a tu propio pensamiento harán de ti un hombre satisfecho contigo mismo, perfectamente adaptado a los que conviven a tu lado y concordante con los dioses, esto es, un hombre que ensalza cuanto aquéllos reparten y han asignado.

17. Hacia arriba, hacia abajo, en círculo, son los movimientos de los elementos. Mas el movimiento de la virtud no se halla entre ninguno de esos, sino que es algo un tanto divino y sigue su curso favorable por una senda difícil de concebir.

18. ¡Curiosa actuación! No quieren hablar bien de los hombres de su tiempo y que viven a su lado, y, en cambio, tienen en gran estima ser elogiados por las generaciones venideras, a quienes nunca vieron ni verán. Eso viene a ser como si te afligieras, porque tus antepasados no han tenido para ti palabras de elogio.

19. No pienses, si algo te resulta difícil y penoso, que eso sea imposible para el hombre; antes bien, si algo es posible y connatural al hombre, piensa que también está a tu alcance.

20. En los ejercicios del gimnasio, alguien nos ha desgarrado con sus uñas y nos ha herido con un cabezazo. Sin embargo, ni lo ponemos de manifiesto, ni nos disgustamos, ni sospechamos más tarde de él como conspirador. Pero sí ciertamente nos ponemos en guardia, mas no como si se tratara de un enemigo ni con recelo, sino esquivándole benévolamente. Algo parecido ocurre en las demás coyunturas de la vida. Dejemos de lado muchos recelos mutuos de los que nos ejercitamos como en el gimnasio. Porque es posible, como decía, evitarlos sin mostrar recelo ni aversión.

21. Si alguien puede refutarme y probar de modo concluyente que pienso o actúo incorrectamente, de buen grado cambiaré de proceder. Pues persigo la verdad, que no dañó nunca a nadie; en cambio, sí se daña el que persiste en su propio engaño e ignorancia.

22. Yo, personalmente, hago lo que debo; lo demás no me atrae, porque es algo que carece de vida, o de razón, o anda extraviado y desconoce el camino.

23. A los animales irracionales y, en general, a las cosas y a los objetos sometidos a los sentidos, que carecen de razón, tú, puesto que estás dotado de entendimiento, trátalos con magnanimidad y liberalidad; pero a los hombres, en tanto que dotados de razón, trátalos además sociablemente.

24. Alejandro el Macedón y su mulero, una vez muertos, vinieron a parar en una misma cosa; pues, o fueron reasumidos en las razones generatrices del mundo o fueron igualmente disgregados en átomos.

25. Ten en cuenta cuántas cosas, en el mismo lapso de tiempo brevísimo, brotan simultáneamente en cada uno de nosotros, tanto corporales como espirituales. Y así no te sorprenderás de que muchas cosas, más aún, todos los sucesos residan a la vez en el ser único y universal, que llamamos mundo.

26. Si alguien te formula la pregunta de cómo se escribe el nombre de Antonino, ¿no te aplicarías a detallarle cada una de sus letras? Y en caso de que se enfadasen, ¿replicarías tú también enfadándote? ¿No seguirías enumerando tranquilamente cada una de las letras? De igual modo, también aquí, ten presente que todo deber se cumple mediante ciertos cálculos. Es preciso mirarlos con atención sin turbarse ni molestarse con los que se molestan, y cumplir metódicamente lo propuesto.

27. ¡Cuán cruel es no permitir a los hombres que dirijan sus impulsos hacia lo que les parece apropiado y conveniente! Y lo cierto es que, de algún modo, no estás de acuerdo en que hagan eso, siempre que te enfadas con ellos por sus fallos. Porque se ven absolutamente arrastrados hacia lo que consideran apropiado y conveniente para sí. «Pero no es así». Por consiguiente, alecciónales y demuéstraselo, pero sin enfadarte.

28. La muerte es el descanso de la impronta sensitiva, del impulso instintivo que nos mueve como títeres, de la evolución del pensamiento, del tributo que nos impone la carne.

29. Es vergonzoso que, en el transcurso de una vida en la que tu cuerpo no desfallece, en éste desfallezca primeramente tu alma.

30. ¡Cuidado! No te conviertas en un César, no te tiñas siquiera, porque suele ocurrir. Mantente, por tanto, sencillo, bueno, puro, respetable, sin arrogancia, amigo de lo justo, piadoso, benévolo, afable, firme en el cumplimiento del deber. Lucha por conservarte tal cual la filosofía ha querido hacerte. Respeta a los dioses, ayuda a salvar a los hombres. Breve es la vida. El único fruto de la vida terrena es una piadosa disposición y actos útiles a la comunidad. En todo, procede como discípulo de Antonino; su constancia en obrar conforme a la razón, su ecuanimidad en todo, la serenidad de su rostro, la ausencia en él de vanagloria, su afán en lo referente a la comprensión de las cosas. Y recuerda cómo él no habría omitido absolutamente nada sin haberlo previamente examinado a fondo y sin haberlo comprendido con claridad; y cómo soportaba sin replicar a los que le censuraban injustamente; y cómo no tenía prisas por nada; y cómo no aceptaba las calumnias; y cómo era escrupuloso indagador de las costumbres y de los hechos; pero no era insolente, ni le atemorizaba el alboroto, ni era desconfiado, ni charlatán. Y cómo tenía

bastante con poco, para su casa, por ejemplo, para su lecho, para su vestido, para su alimentación, para su servicio; y cómo era diligente y animoso; y capaz de aguantar en la misma tarea hasta el atardecer, gracias a su dieta frugal, sin tener necesidad de evacuar los residuos fuera de la hora acostumbrada; y su firmeza y uniformidad en la amistad; y su capacidad de soportar a los que se oponían sinceramente a sus opiniones y de alegrarse, si alguien le mostraba algo mejor; y cómo era respetuoso con los dioses sin superstición, para que así te sorprenda, como a él, la última hora con buena conciencia.

31. Vuelve en ti y reanímate, y una vez que hayas salido de tu sueño y hayas comprendido que te turbaban pesadillas, nuevamente despierto, mira esas cosas como mirabas aquéllas.

32. Soy un compuesto de alma y cuerpo. Por tanto, para el cuerpo todo es indiferente, pues no es capaz de distinguir; pero al espíritu le son indiferentes cuantas actividades no le son propias, y, en cambio, cuantas actividades le son propias, todas ellas están bajo su dominio. Y, a pesar de esto, sólo la actividad presente le preocupa, pues sus actividades futuras y pasadas le son también, desde este momento, indiferentes.

33. No es contrario a la naturaleza ni el trabajo de la mano ni tampoco el del pie, en tanto el pie cumpla la tarea propia del pie, y la mano, la de la mano. Del mismo modo, pues, tampoco es contrario a la naturaleza el trabajo del hombre, como hombre, en tanto cumpla la tarea propia del hombre. Y, si no es contrario a su naturaleza, tampoco le envilece.

34. ¡Qué clase de placeres han disfrutado bandidos, lascivos, parricidas, tiranos!

35. ¿No ves cómo los artesanos se ponen de acuerdo, hasta cierto punto, con los profanos, pero no dejan de atender a las reglas de su oficio y no aceptan renunciar a él? ¿No es sorprendente que el arquitecto y el médico respeten más la razón de su propio oficio que el hombre la suya propia, que comparte con los dioses?

36. Asia, Europa, rincones del mundo; el mar entero, una gota de agua; el Atos, un pequeño terrón del mundo; todo el tiempo

presente, un instante de la eternidad; todo es pequeño, mutable, caduco. Todo procede de allá, arrancando de aquel común principio guía o derivando de él. En efecto, las fauces del león, el veneno y todo lo que hace mal, como las espinas, como el cenagal, son engendros de aquellas cosas venerables y bellas. No te imagines, pues, que esas cosas son ajenas a aquel a quien tú veneras; antes bien, reflexiona sobre la fuente de todas las cosas.

37. Quien ha visto el presente, todo lo ha visto: a saber, cuántas cosas han surgido desde la eternidad y cuántas cosas permanecerán hasta el infinito. Pues todo tiene un mismo origen y un mismo aspecto.

38. Medita con frecuencia en la trabazón de todas las cosas existentes en el mundo y en su mutua relación. Pues, en cierto modo, todas las cosas se entrelazan unas con las otras y todas, en este sentido, son amigas entre sí; pues una está a continuación de la otra a causa del movimiento ordenado, del hálito común y de la unidad de la sustancia.

39. Amóldate a las cosas que te han tocado en suerte; y a los hombres con los que te ha tocado en suerte vivir, ámalos, pero de verdad.

40. Un instrumento, una herramienta, un apero cualquiera, si hace el trabajo para el que ha sido construido, es bueno; aunque esté fuera de allí el que los construyó. Pero tratándose de las cosas que se mantienen unidas por naturaleza, en su interior reside y persiste el poder constructor; por esta razón es preciso tenerle un respeto especial y considerar, caso de que tú te comportes y procedas de acuerdo con su propósito, que todas las cosas te van según la inteligencia. Así también al Todo le van sus cosas conforme a la inteligencia. .

41. En cualquier cosa de las ajenas a tu libre voluntad, que consideres buena o mala para ti, es inevitable que, según la evolución de tal daño o la pérdida de semejante bien, censures a los dioses y odies a los hombres como responsables de tu caída o privación, o como sospechosos de serlo. También nosotros cometemos muchas injusticias a causa de las diferencias respecto a esas cosas. Pero en el caso de que juzguemos bueno y malo únicamente lo que depende de

nosotros, ningún motivo nos queda para inculpar a los dioses ni para mantener una actitud hostil frente a los hombres.

42. Todos colaboramos en el cumplimiento de un solo fin, unos consciente y consecuentemente, otros sin saberlo; como Heráclito, creo, dice, que, incluso los que duermen, son operarios y colaboradores de lo que acontece en el mundo. Uno colabora de una manera, otro de otra, e incluso, por añadidura, el que critica e intenta oponerse y destruir lo que hace. Porque también el mundo tenía necesidad de gente así. En consecuencia, piensa con quiénes vas a formar partido en adelante. Pues el que gobierna el conjunto del universo te dará un trato estupendo en todo y te acogerá en cierto puesto entre sus colaboradores y personas dispuestas a colaborar. Más no ocupes tú un puesto tal, como el verso vulgar y ridículo de la tragedia que recuerda Crisipo.

43. ¿Acaso el sol estima justo hacer lo que es propio de la lluvia? ¿Acaso Asclepio, lo que es propio de la diosa, portadora de los frutos? ¿Y qué decir respecto a cada uno de los astros? ¿No son diferentes y, sin embargo, cooperan en la misma tarea?

44. Si, efectivamente, los dioses deliberaron sobre mí y sobre lo que debe acontecerme, bien deliberaron; porque no es tarea fácil concebir un dios sin decisión. ¿Y por qué razón iban a desear hacerme daño? ¿Cuál sería su ganancia o la de la comunidad, que es su máxima preocupación? Y si no deliberaron en particular sobre mi, sí al menos lo hicieron profundamente sobre el bien común, y dado que estas cosas me acontecen por consecuencia con éste, debo abrazarlas y amarlas. Pero si es cierto que sobre nada deliberan (dar crédito a esto es impiedad; no hagamos sacrificios, ni súplicas, ni juramentos, ni los demás ritos que todos y cada uno hacemos en la idea de que van destinados a dioses presentes y que conviven con nosotros), si es cierto que sobre nada de lo que nos concierne deliberan, entonces me es posible deliberar sobre mí mismo e indagar sobre mi conveniencia. Y a cada uno le conviene lo que está de acuerdo con su constitución y naturaleza, y mi naturaleza es racional y sociable. Mi ciudad y mi patria, en tanto que Antonino, es Roma, pero en tanto que hombre, el mundo. En consecuencia, lo que beneficia a estas ciudades es mi único bien.

45. Cuanto acontece a cada uno, importa al conjunto. Esto debería bastar. Pero además, en general, verás, si te has fijado atentamente, que lo que es útil a un hombre, lo es también a otros hombres. Tómese ahora «la utilidad» en la acepción más común, aplicada a las cosas indiferentes. 46. Así como los juegos del anfiteatro y de lugares semejantes te inspiran repugnancia, por el hecho de que siempre se ven las mismas cosas, y la uniformidad hace el espectáculo fastidioso, así también ocurre al considerar la vida en su conjunto; porque todas las cosas, de arriba abajo, son las mismas y proceden de las mismas. ¿Hasta cuándo, pues?

47. Medita sin cesar en la muerte de hombres de todas clases, de todo tipo de profesiones y de toda suerte de razas. De manera que puedes descender en esta enumeración hasta Filistión, Febo y Origanión. Pasa ahora a los otros tipos de gente. Es preciso, pues, que nos desplacemos allá donde se encuentran tan gran número de hábiles oradores, tantos filósofos y venerables: Heráclito, Pitágoras, Sócrates, tantos héroes con anterioridad, y, después, tantos generales, tiranos. Y, además de éstos, Eudoxo, Hiparco, Arquímedes, otras naturalezas agudas, magnánimos, diligentes, laboriosos, ridiculizadores de la misma vida humana, mortecina y efímera, como Menipo, y todos los de su clase. Medita acerca de todos éstos que tiempo ha nos dejaron. ¿Qué tiene, pues, de terrible esto para ellos? ¿Y qué tiene de terrible para los que en absoluto son nombrados? Una sola cosa merece aquí la pena: pasar la vida en compañía de la verdad y de la justicia, benévolo con los mentirosos y con los injustos.

48. Siempre que quieras alegrarte, piensa en los méritos de los que viven contigo, por ejemplo, la energía en el trabajo de uno, la discreción de otro, la liberalidad de un tercero y cualquier otra cualidad de otro. Porque nada produce tanta satisfacción como los ejemplos de las virtudes, al manifestarse en el carácter de los que con nosotros viven y al ofrecerse agrupadas en la medida de lo posible. Por esta razón deben tenerse siempre a mano.

49. ¿Te molestas por pesar tantas libras y no trescientas? De igual modo, también, porque debes vivir un número determinado de años y no más. Porque al igual que te contentas con la parte de sustancia que te ha sido asignada, así también con el tiempo.

50. Intenta persuadirles; pero obra, incluso contra su voluntad, siempre que la razón de la justicia lo imponga. Sin embargo, si alguien se opusiera haciendo uso de alguna violencia, cambia a la complacencia y al buen trato, sírvete de esta dificultad para otra virtud y ten presente que con discreción te movías, que no pretendías cosas imposibles. ¿Cuál era, pues, tu pretensión? Alcanzar tal impulso en cierta manera. Y lo consigues. Aquellas cosas hacia las que nos movemos, llegan a producirse.

51. El que ama la fama considera bien propio la actividad ajena; el que ama el placer, su propia afección; el hombre inteligente, en cambio, su propia actividad.

52. Cabe la posibilidad, en lo concerniente a eso, de no hacer conjetura alguna y de no turbar el alma; pues las cosas, por sí mismas, no tienen una naturaleza capaz de crear nuestros juicios.

53. Acostúmbrate a no estar distraído a lo que dice otro, e incluso, en la medida de tus posibilidades, adéntrate en el alma del que habla.

54. Lo que no beneficia al enjambre, tampoco beneficia a la abeja.

55. Si los marineros insultaran a su piloto o los enfermos al médico, ¿se dedicarían a otra cosa que a poner en práctica los medios para poner a salvo la tripulación, el primero, y para curar a los que están bajo tratamiento, el segundo?

56. ¡Cuántos, en compañía de los cuales entré en el mundo, se fueron ya!

57. A los ictéricos les parece amarga la miel; los que han sido mordidos por un perro rabioso son hidrófobos, y a los pequeños les gusta la pelota. ¿A qué, pues, enojarse? ¿Te parece menos poderoso el error que la bilis en el ictérico y el veneno en el hombre mordido por un animal rabioso?

58. Nadie te impedirá vivir según la razón de tu propia naturaleza; nada te ocurrirá contra la razón de la naturaleza común.

59. ¡Quiénes son aquéllos a quienes quieren agradar!, y ¡por qué ganancias, y gracias a qué procedimientos! ¡Cuán rápidamente el tiempo sepultará todas las cosas y cuántas ha sepultado ya!

LIBRO VII

. ¿Qué es la maldad? Es lo que has visto muchas veces. Y a propósito de todo lo que acontece, ten presente que eso es lo que has visto muchas veces. En suma, de arriba abajo, encontrarás las mismas cosas, de las que están llenas las historias, las antiguas, las medias y las contemporáneas, de las cuales están llenas ahora las ciudades y las casas. Nada nuevo; todo es habitual y efímero.

. Las máximas viven. ¿Cómo, de otro modo, podrían morir, a no ser que se extinguieran las imágenes que les corresponden? En tus manos está reavivarlas constantemente. Puedo, respecto a esto, concebir lo que es preciso. Y si, como es natural, puedo, ¿a qué turbarme? Lo que está fuera, de mi inteligencia ninguna relación tiene con la inteligencia. Aprende esto y estás en lo correcto. Te es posible revivir. Mira nuevamente las cosas como las has visto, pues en esto consiste el revivir. .

Vana afición a la pompa, representaciones en escena, rebaños de ganado menor y mayor, luchas con lanza, huesecillo arrojado a los perritos, migajas destinadas a los viveros de peces, fatigas y acarreos de las hormigas, idas y venidas de ratoncillos asustados, títeres movidos por hilos. Conviene, en efecto, presenciar esos espectáculos benévolamente y sin rebeldía, pero seguir y observar con atención que el mérito de cada uno es tanto mayor cuanto meritoria es la tarea objeto de sus afanes.

4. Es preciso seguir, palabra por palabra, lo que se dice, y, en todo impulso, su resultado; y, en el segundo caso, ver directamente a qué objetivo apunta el intento; y en el primero, velar por su significado.

5. ¿Basta mi inteligencia para eso o no? Si me basta, me sirvo de ella para esta acción como si fuera un instrumento concedido por la naturaleza del conjunto universal. Pero si no me basta, cedo la obra a quien sea capaz de cumplirla mejor, a no ser, por otra parte, que eso

sea de mi incumbencia, o bien pongo manos a la obra como pueda, con la colaboración de la persona capaz de hacer, con la ayuda de mi guía interior, lo que en este momento es oportuno y beneficioso a la comunidad. Porque lo que estoy haciendo por mí mismo, o en colaboración con otro, debe tender, exclusivamente, al beneficio y buena armonía con la comunidad.

6. ¡Cuántos hombres, que fueron muy celebrados, han sido ya entregados al olvido! ¡Y cuántos hombres que los celebraron tiempo ha que partieron!

7. No sientas vergüenza de ser socorrido. Pues está establecido que cumplas la tarea impuesta como un soldado en el asalto a una muralla. ¿Qué harías, pues, si, víctima de cojera, no pudieras tú sólo escalar hasta las almenas y, en cambio, te fuera eso posible 3 Juego de palabras intraducible entre mélos, que significa miembro, y méros, que significa parte. En griego ambas palabras se diferencian por una sola letra. con ayuda de otro?

8. No te inquiete el futuro; pues irás a su encuentro, de ser preciso, con la misma razón que ahora utilizas para las cosas presentes.

9. Todas las cosas se hallan entrelazadas entre sí y su común vínculo es sagrado y casi ninguna es extraña a la otra, porque todas están coordinadas y contribuyen al orden del mismo mundo. Que uno es el mundo, compuesto de todas las cosas; uno el dios que se extiende a través de todas ellas, única la sustancia, única la ley, una sola la razón común de todos los seres inteligentes, una también la verdad, porque también una es la perfección de los seres del mismo género y de los seres que participan de la misma razón.

10. Todo lo que es material se desvanece rapidísimamente en la sustancia del conjunto universal; toda causa se reasume rapidísimamente en la razón del conjunto universal; el recuerdo de todas las cosas queda en un instante sepultado en la eternidad.

11. Para el ser racional el mismo acto es acorde con la naturaleza y con la razón.

12. Derecho o enderezado.

13. Como existen los miembros del cuerpo en los individuos, también los seres racionales han sido constituidos, por este motivo, para una idéntica colaboración, aunque en seres diferentes. Y más se te ocurrirá este pensamiento si muchas veces hicieras esta reflexión contigo mismo. Soy un miembro del sistema constituido por seres racionales. Mas si dijeras que eres parte, con el cambio de la letra «R»3, no amas todavía de corazón a los hombres, todavía no te alegras íntegramente de hacerles favores; más aún, si lo haces simplemente como un deber, significa que todavía no comprendes que te haces un bien a ti mismo.

14. Acontezca exteriormente lo que se quiera a los que están expuestos a ser afectados por este accidente. Pues aquéllos, si quieren, se quejarán de sus sufrimientos; pero yo, en tanto no imagine que lo acontecido es un mal, todavía no he sufrido daño alguno. Y de mí depende no imaginarlo.

15. Dígase o hágase lo que se quiera, mi deber es ser bueno. Como si el oro, la esmeralda o la púrpura dijeran siempre eso: «Hágase o dígase lo que se quiera, mi deber es ser esmeralda y conservar mi propio color».

16. Mi guía interior no se altera por sí mismo; quiero decir, no se asusta ni se aflige. Y si algún otro es capaz de asustarle o de afligirle, hágalo. Pues él, por sí mismo, no se moverá conscientemente a semejantes alteraciones. Preocúpese el cuerpo, si puede, de no sufrir nada. Y si sufre, manifiéstelo. También el espíritu animal, que se asusta, que se aflige. Pero lo que, en suma, piensa sobre estas afecciones, no hay ningún temor que sufra, pues su condición no le impulsará a un juicio semejante. El guía interior, por su misma condición, carece de necesidades, a no ser que se las cree, y por eso mismo no tiene tribulaciones ni obstáculos, a no ser que se perturbe y se ponga obstáculos a sí mismo.

17. La felicidad es un buen numen o un buen 'espíritu familiar'. ¿Qué haces, pues, aquí, oh imaginación? ¡Vete, por los dioses, como viniste! No te necesito. Has venido según tu antigua costumbre. No me enfado contigo; únicamente, vete.

18. ¿Se teme el cambio? ¿Y qué puede producirse sin cambio? ¿Existe algo más querido y familiar a la naturaleza del conjunto universal? ¿Podrías tú mismo lavarte con agua caliente, si la leña no se transformara? ¿Podrías nutrirte, si no se transformaran los alimentos? Y otra cosa cualquiera entre las útiles, ¿podría cumplirse sin transformación? ¿No te das cuenta, pues, de que tu propia transformación es algo similar e igualmente necesaria a la naturaleza del conjunto universal?

19. Por la sustancia del conjunto universal, como a través de un torrente, discurren todos los cuerpos, connaturales y colaboradores del conjunto universal, al igual que nuestros miembros entre sí. ¡A cuántos Crisipos, a cuántos Sócrates, a cuántos Epictetos absorbió ya el tiempo! Idéntico pensamiento acuda a ti respecto a todo tipo de hombre y a toda cosa.

20. Una sola cosa me inquieta, el temor a que haga algo que mi constitución de hombre no quiere, o de la manera que no quiere, o lo que ahora no quiere.

21. Próximo está tu olvido de todo, próximo también el olvido de todo respecto a ti.

22. Propio del hombre es amar incluso a los que tropiezan. Y eso se consigue, en cuanto se te ocurra pensar que son tus familiares, y que pecan por ignorancia y contra su voluntad, y que, dentro de poco, ambos estaréis muertos y que, ante todo, no te dañó, puesto que no hizo a tu guía interior peor de lo que era antes.

23. La naturaleza del conjunto universal, valiéndose de la sustancia del conjunto universal, como de una cera, modeló ahora un potro; después, lo fundió y se valió de su materia para formar un arbusto, a continuación un hombrecito, y más tarde otra cosa. Y cada uno de estos seres ha subsistido poquísimo tiempo. Pero no es ningún mal para un cofrecillo ser desarmado ni tampoco ser ensamblado.

24. El semblante rencoroso es demasiado contrario a la naturaleza. Cuando se afecta reiteradamente, su belleza muere y finalmente se extingue, de manera que resulta imposible reavivarla. Intenta, al menos, ser consciente de esto mismo, en la convicción de

que es contrario a la razón. Porque si desaparece la comprensión del obrar mal, ¿qué motivo para seguir viviendo nos queda?

25. Todo cuanto ves, en tanto que todavía no es, será transformado por la naturaleza que gobierna el conjunto universal, y otras cosas hará de su sustancia, y a su vez otras de la sustancia de aquéllas, a fin de que el mundo siempre se rejuvenezca.

26. Cada vez que alguien cometa una falta contra ti, medita al punto qué concepto del mal o del bien tenía al cometer dicha falta. Porque, una vez que hayas examinado eso, tendrás compasión de él y ni te sorprenderás, ni te irritarás con él. Ya que comprenderás tú también el mismo concepto del bien que él, u otro similar. En consecuencia, es preciso que le perdones. Pero aun si no llegas a compartir su concepto del bien y del mal, serás más fácilmente benévolo con su extravío.

27. No imagines las cosas ausentes como ya presentes; antes bien, selecciona entre las presentes las más favorables, y, a la vista de esto, recuerda cómo las buscarías, si no estuvieran presentes. Pero al mismo tiempo ten precaución, no vaya a ser que, por complacerte hasta tal punto en su disfrute, te habitúes a sobrestimarlas, de manera que, si alguna vez no estuvieran presentes, pudieras sentirte inquieto.

28. Recógete en ti mismo. El guía interior racional puede, por naturaleza, bastarse a sí mismo practicando la justicia y, según eso mismo, conservando la calma.

29. Borra la imaginación. Detén el impulso de marioneta. Circunscríbete al momento presente. Comprende lo que te sucede a ti o a otro. Divide y separa el objeto dado en su aspecto causal y material. Piensa en tu hora postrera. La falta cometida por aquél, déjala allí donde se originó.

30. Coteja el pensamiento con las palabras. Sumerge tu pensamiento en los sucesos y en las causas que los produjeron.

31. Haz resplandecer en ti la sencillez, el pudor y la indiferencia en lo relativo a lo que es intermedio entre la virtud y el vicio. Ama al género humano. Sigue a Dios. Aquél dice: «Todo es convencional, y en

realidad sólo existen los elementos». Y basta recordar que no todas las cosas son convencionales, sino demasiado pocas.

32. Sobre la muerte: o dispersión, si existen átomos; o extinción o cambio, si existe unidad.

33. Sobre el pesar: lo que es insoportable mata, lo que se prolonga es tolerable. Y la inteligencia, retirándose, conserva su calma y no va en detrimento del guía interior. Y respecto a las partes dañadas por el pesar, si tienen alguna posibilidad, manifiéstense sobre el particular.

34. Sobre la fama: Examina cuáles son sus pensamientos, qué cosas evitan y cuáles persiguen. Y que, al igual que las dunas al amontonarse una sobre otras ocultan las primeras, así también en la vida los sucesos anteriores son rapidísimamente encubiertos por los posteriores.

35. Y a aquel pensamiento que, lleno de grandeza, alcanza la contemplación de todo tiempo y de toda esencia, ¿crees que le parece gran cosa la vida humana? Imposible, dijo. Entonces, ¿tampoco considerará terrible la muerte un hombre tal? En absoluto.

36. «Concierne al rey hacer bien y recibir calumnias».

37. Es vergonzoso que el semblante acate acomodarse y alinearse como ordena la inteligencia, y que, en cambio, ella sea incapaz de acomodarse y seguir su línea.

38. «No hay que irritarse con las cosas, pues a ellas nada les importa».

39. «¡Ojalá pudieras dar motivos de regocijo a los dioses inmortales y a nosotros!».

40. «Segar la vida, a modo de espiga madura, y que uno exista y el otro no».

41. «Si los dioses me han olvidado a mí y a mis dos hijos, también esto tiene su razón».

42. «El bien y la justicia están conmigo».

43. No asociarse a sus lamentaciones, ni a sus estremecimientos.

44. «Mas yo le replicaría con esta justa razón: Te equivocas, amigo, si piensas que un hombre debe calcular el riesgo de vivir o morir, incluso siendo insignificante su valía, y, en cambio, piensas que no debe examinar, cuando actúa, si son justas o no sus acciones y propias de un hombre bueno o malo».

45. «Así es, atenienses, en verdad. Dondequiera que uno se sitúe por considerar que es lo mejor o en el puesto que sea asignado por el arconte, allí debe, a mi entender, permanecer y correr riesgo, sin tener en cuenta en absoluto ni la muerte ni ninguna otra cosa con preferencia a la infamia».

46. «Pero, mi buen amigo, mira si la nobleza y la bondad no serán otra cosa que salvar a los demás y salvarte a ti mismo. Porque no debe el hombre que se precie de serlo preocuparse de la duración de la vida, tampoco debe tener excesivo apego a ella, sino confiar a la divinidad estos cuidados y dar crédito a las mujeres cuando afirman que nadie podría evitar el destino. La obligación que le incumbe es examinar de qué modo, durante el tiempo que vaya a vivir, podrá vivir mejor».

47. Contempla el curso de los astros, como si tú evolucionaras con ellos, y considera sin cesar las transformaciones mutuas de los elementos. Porque estas imaginaciones purifican la suciedad de la vida a ras de suelo.

48. Bello el texto de Platón: «Preciso es que quien hace discursos sobre los hombres examine también lo que acontece en la tierra, como desde una atalaya: manadas, ejércitos, trabajos agrícolas, matrimonios, divorcios, nacimientos, muertes, tumulto de tribunales, regiones desiertas, poblaciones bárbaras diversas, fiestas, trenos, reuniones públicas, toda la mezcla y la conjunción armoniosa procedente de los contrarios».

49. Con la observación de los sucesos pasados y de tantas transformaciones que se producen ahora, también el futuro es posible

prever. Porque enteramente igual será su aspecto y no será posible salir del ritmo de los acontecimientos actuales. En consecuencia, haber investigado la vida humana durante cuarenta años que durante diez mil da lo mismo. Pues ¿qué más verás?

50. «Lo que ha nacido de la tierra a la tierra retoma; lo que ha germinado de una semilla etérea vuelve nuevamente a la bóveda celeste». O también esto: disolución de los entrelazamientos en los átomos y dispersión semejante de los elementos impasibles.

51. «Con manjares, bebidas y hechizos, tratando de desviar el curso, para no morir». «Es forzoso soportar el soplo del viento impulsado por los dioses entre sufrimientos sin lamentos».

52. Es mejor luchador; pero no más generoso con los ciudadanos, ni más reservado, ni más disciplinado en los acontecimientos, ni más benévolo con los menosprecios de los vecinos.

53. Cuando puede cumplirse una tarea de acuerdo con la razón común a los dioses y a los hombres, nada hay que temer allí. Cuando es posible obtener un beneficio gracias a una actividad bien encauzada y que progresa de acuerdo con su constitución, ningún perjuicio debe sospecharse allí.4 Corrupto.

54. Por doquier y de continuo de ti depende estar piadosamente satisfecho con la presente coyuntura, comportarte con justicia con los hombres presentes y poner todo tu arte al servicio de la impresión presente, a fin de que nada se infiltre en ti de manera imperceptible.

55. No pongas tu mirada en guías interiores ajenos, antes bien, dirige tu mirada directamente al punto donde te conduce la naturaleza del conjunto universal por medio de los sucesos que te acontecen, y la tuya propia por las obligaciones que te exige. Cada uno debe hacer lo que corresponde a su constitución. Los demás seres han sido constituidos por causa de los seres racionales y, en toda otra cosa, los seres inferiores por causa de los superiores, pero los seres racionales lo han sido para ayudarse mutuamente. En consecuencia, lo que prevalece en la constitución humana es la sociabilidad. En segundo lugar, la resistencia a las pasiones corporales, pues es propio del movimiento racional e intelectivo marcarse límites y no ser derrotado nunca ni por el movimiento sensitivo ni por el instintivo. Pues ambos

son de naturaleza animal, mientras que el movimiento intelectivo quiere prevalecer y no ser subyugado por aquéllos. En tercer lugar, en la constitución racional no se da la precipitación ni la posibilidad de engaño. Así pues, el guía interior, que posee estas virtudes, cumpla su tarea con rectitud, y posea lo que le pertenece.

56. Como hombre que ha muerto ya y que no ha vivido hasta hoy, debes pasar el resto de tu vida de acuerdo con la naturaleza.

57. Amar únicamente lo que te acontece y lo que es tramado por el destino. Pues ¿qué se adapta mejor a ti?

58. En cada suceso, conservar ante los ojos a aquéllos a quienes acontecían las mismas cosas, y luego se afligían, se extrañaban, censuraban. Y ahora, ¿dónde están aquéllos? En ninguna parte. ¿Qué, entonces? ¿Quieres proceder de igual modo? ¿No quieres dejar estas actitudes extrañas a quienes las provocan y las sufren, y aplicarte enteramente a pensar cómo servirte de los acontecimientos? Te aprovecharás bien de ellos y tendrás materia. Presta atención y sea tu único deseo ser bueno en todo lo que hagas. Y ten presentes estas dos máximas: es indiferente el momento en que la acción... 4

59. Cava en tu interior. Dentro se halla la fuente del bien, y es una fuente capaz de brotar continuamente, si no dejas de excavar.

60. Es preciso que el cuerpo quede sólidamente fijo y no se distorsione, ni en el movimiento ni en el reposo. Porque del mismo modo que la inteligencia se manifiesta en cierta manera en el rostro, conservándolo siempre armonioso y agradable a la vista, así también debe exigirse en el cuerpo entero. Pero todas esas precauciones deben observarse sin afectación.

61. El arte de vivir se asemeja más a la lucha que a la danza en lo que se refiere a estar firmemente dispuesto a hacer frente a los accidentes incluso imprevistos.

62. Considera sin interrupción quiénes son esos de los que deseas que aporten su testimonio, y qué guías interiores tienen; pues, ni censurarás a los que tropiezan involuntariamente, ni tendrás necesidad de su testimonio, si diriges tu mirada a las fuentes de sus opiniones y de sus instintos.

63. «Toda alma, afirman, se ve privada contra su voluntad de la verdad». Igualmente también de la justicia, de la prudencia, de la benevolencia y de toda virtud semejante. Y es muy necesario tenerlo presente en todo momento, pues serás más condescendiente con todos.

64. En cualquier caso de pesar acuda a ti esta reflexión: no es indecoroso ni tampoco deteriorará la inteligencia que me gobierna; pues no la destruye, ni en tanto que es racional, ni en tanto que es social. En los mayores pesares, sin embargo, válgate de ayuda la máxima de Epicuro: ni es insoportable el pesar, ni eterno, si recuerdas sus límites y no imaginas más de la cuenta. Recuerda también que muchas cosas que son lo mismo que el pesar nos molestan y no nos damos cuenta, así, por ejemplo, la somnolencia, el calor exagerado, la inapetencia. Luego, siempre que te disgustes con alguna de esas cosas, di para contigo: cedes al pesar.

65. Cuida de no experimentar con los hombres inhumanos algo parecido a lo que éstos experimentan respecto a los hombres.

66. ¿De dónde sabemos si Telauges no tenía mejor disposición que Sócrates? Pues no basta con el hecho de que Sócrates haya muerto con más gloria ni que haya dialogado con los sofistas con bastante más habilidad ni que haya pasado toda la noche sobre el hielo más pacientemente ni que, habiendo recibido la orden de apresar al Salaminio, haya decidido oponerse con mayor gallardía ni que se haya ufanado por las calles, extremo sobre el que no se sabe precisamente ni si es cierto. Mas es preciso examinar lo siguiente: qué clase de alma tenía Sócrates y si podía conformarse con ser justo en las relaciones con los hombres y piadoso en sus relaciones con los dioses, sin indignarse con la maldad, sin tampoco ser esclavo de la ignorancia de nadie, sin aceptar como cosa extraña nada de lo que le era asignado por el conjunto universal o resistirla como insoportable, sin tampoco dar ocasión a su inteligencia a consentir en las pasiones de la carne.

67. La naturaleza no te mezcló con el compuesto de tal modo, que no te permitiera fijarte unos límites y hacer lo que te incumbe y es tu obligación. Porque es posible en demasía convertirse en hombre divino y no ser reconocido por nadie. Ten siempre presente eso y aún

más lo que te voy a decir: en muy poco radica la vida feliz. Y no porque tengas escasa confianza en llegar a ser un dialéctico o un físico, renuncies en base a eso a ser libre, modesto, sociable y obediente a Dios.

68. Pasa la vida sin violencias en medio del mayor júbilo, aunque todos clamen contra ti las maldiciones que quieran, aunque las fieras despedacen los pobres miembros de esta masa pastosa que te circunda y sustenta. Porque, ¿qué impide que, en medio de todo eso, tu inteligencia se conserve en calma, tenga un juicio verdadero de lo que acontece en torno tuyo y esté dispuesta a hacer uso de lo que está a su alcance? De manera que tu juicio pueda decir a lo que acaezca: «Tú, eres eso en esencia, aunque te muestres distinto en apariencia». Y tu uso pueda decir a lo que suceda: «Te buscaba. Pues para mí el presente es siempre materia de virtud racional, social y, en suma, materia de arte humano o divino». Porque todo lo que acontece se hace familiar a Dios o al hombre, y ni es nuevo ni es difícil de manejar, sino conocido y fácil de manejar.

69. La perfección moral consiste en esto: en pasar cada día como si fuera el último, sin convulsiones, sin entorpecimientos, sin hipocresías.

70. Los dioses, que son inmortales, no se irritan por el hecho de que durante tan largo período de tiempo deban soportar de un modo u otro repetidamente a los malvados, que son de tales características y tan numerosos. Más aún, se preocupan de ellos de muy distintas maneras. ¿Y tú, que casi estás a punto de terminar, renuncias, y esto siendo tú uno de los malvados?

71. Es ridículo no intentar evitar tu propia maldad, lo cual es posible, y, en cambio, intentar evitar la de los demás, lo cual es imposible.

72. Lo que la facultad racional y sociable encuentra desprovisto de inteligencia y sociabilidad, con mucha razón lo juzga inferior a sí misma.

73. Cuando hayas hecho un favor y otro lo haya recibido, ¿qué tercera cosa andas todavía buscando, como los necios?

74. Nadie se cansa de recibir favores, y la acción de favorecer está de acuerdo con la naturaleza. No te canses, pues, de recibir favores al mismo tiempo que tú los haces.

75. La naturaleza universal emprendió la creación del mundo. Y ahora, o todo lo que sucede se produce por consecuencia, o es irracional incluso lo más sobresaliente, objetivo hacia el cual el guía del mundo dirige su impulso propio. El recuerdo de este pensamiento te hará en muchos aspectos más sereno.

LIBRO VIII

1. También eso te lleva a desdeñar la vanagloria, el hecho de que ya no puedes haber vivido tu vida entera, o al menos la que transcurrió desde tu juventud, como un filósofo; por el contrario, has dejado en claro para otras muchas personas, e incluso, para ti mismo que estás alejado de la filosofía. Estás, pues, confundido, de manera que ya no te va a resultar fácil conseguir la reputación de filósofo. A ello se oponen incluso los presupuestos de tu vida. Si en efecto has visto de verdad dónde radica el fondo de la cuestión, olvídate de la impresión que causarás. Y sea suficiente para ti vivir el resto de tu vida, dure lo que dure, como tu naturaleza quiere. Por consiguiente, piensa en cuál es su deseo, y nada más te inquiete. Has comprobado en cuántas cosas anduviste sin rumbo, y en ninguna parte hallaste la vida feliz, ni en las argumentaciones lógicas, ni en la riqueza, ni en la gloria, ni en el goce, en ninguna parte. ¿Dónde radica, entonces? En hacer lo que quiere la naturaleza humana. ¿Cómo conseguirlo? Con la posesión de los principios de los cuales dependen los instintos y las acciones. ¿Qué principios? Los concernientes al bien y al mal, en la convicción de que nada es bueno para el hombre, si no le hace justo, sensato, valiente, libre; como tampoco nada es malo, si no le produce los efectos contrarios a lo dicho.

2. En cada acción, pregúntate: ¿Cómo es ésta respecto a mí? ¿No me arrepentiré después de hacerla? Dentro de poco habré muerto y todo habrá desaparecido. ¿Qué más voy a buscar, si mi presente

acción es propia de un ser inteligente, sociable y sujeto a la misma ley de Dios?

3. Alejandro, César y Pompeyo ¿qué fueron en comparación con Diógenes, Heráclito y Sócrates? Éstos vieron cosas, sus causas, sus materias, y sus principios guías eran autosuficientes; pero aquéllos, ¡cuántas cosas ignoraban, de cuántas cosas eran esclavos!

4. Que no menos harán las mismas cosas, aunque tú revientes.

5. En primer lugar, no te confundas; pues todo acontece de acuerdo con la naturaleza del conjunto universal, y dentro de poco tiempo no serás nadie en ninguna parte, como tampoco son nadie Adriano ni Augusto. Luego, con los ojos fijos en tu tarea, indágala bien y teniendo presente que tu deber es ser hombre de bien, y lo que exige la naturaleza del hombre, cúmplelo sin desviarte y del modo que te parezca más justo: sólo con benevolencia, modestia y sin hipocresía.

6. La misión de la naturaleza del conjunto universal consiste en transportar lo que está aquí allí, en transformarlo, en levantarlo de aquí y llevarlo allá. Todo es mutación, de modo que no se puede temer nada insólito; todo es igual, pero también son equivalentes las asignaciones.

7. Toda naturaleza está satisfecha consigo misma cuando sigue el buen camino. Y sigue el buen camino la naturaleza racional cuando en sus imaginaciones no da su asentimiento ni a lo falso ni a lo incierto y, en cambio, encauza sus instintos sólo a acciones útiles a la comunidad, cuando se dedica a desear y detestar aquellas cosas que dependen exclusivamente de nosotros, y abraza todo lo que le asigna la naturaleza común. Pues es una parte de ella, al igual que la naturaleza de la hoja es parte de la naturaleza de la planta, con la excepción de que, en este caso, la naturaleza de la hoja es parte de una naturaleza insensible, desprovista de razón y capaz de ser obstaculizada, mientras que la naturaleza del hombre es parte de una naturaleza libre de obstáculos, inteligente y justa, si es que naturalmente distribuye a todos con equidad y según el mérito, su parte de tiempo, sustancia, causa, energía, accidente. Advierte, sin embargo, que no encontrarás equivalencia en todo, si pones en relación una sola cosa con otra sola, pero sí la encontrarás, si

comparas globalmente la totalidad de una cosa con el conjunto de otra.

8. No te es posible leer. Pero sí puedes contener tu arrogancia; puedes estar por encima del placer y del dolor; puedes menospreciar la vanagloria; puedes no irritarte con insensatos y desagradecidos, incluso más, puedes preocuparte de ellos.

9. Nadie te oiga ya censurar la vida palaciega, ni siquiera tú mismo.

10. El arrepentimiento es cierta censura personal por haber dejado de hacer algo útil. Y el bien debe ser algo útil y debe preocuparse de él el hombre íntegro. Pues ningún hombre íntegro se arrepentiría por haber desdeñado un placer; por consiguiente, el placer ni es útil ni es bueno.

11. ¿Qué es eso en sí mismo según su peculiar constitución?, ¿cuál es su sustancia y materia?, ¿y cuál su causa?, ¿y qué hace en el mundo?, ¿y cuánto tiempo lleva subsistiendo?

12. Siempre que de mal talante despiertes de tu sueño, recuerda que está de acuerdo con tu constitución y con tu naturaleza humana corresponder con acciones útiles a la comunidad, y que dormir es también común a los seres irracionales. Además, lo que está de acuerdo con la naturaleza de cada uno le resulta más familiar, más connatural, y ciertamente también más agradable.

13. Continuamente y, si te es posible, en toda imaginación, explícala partiendo de los principios de la naturaleza, de las pasiones, de la dialéctica.

14. Con quien te encuentres, inmediatamente hazte estas reflexiones: Éste ¿qué principios tiene respecto al bien y al mal? Porque si acerca del placer y del pesar y de las cosas que producen ambos y acerca de la fama, de la infamia, de la muerte, de la vida, tiene tales principios, no me parecerá en absoluto sorprendente o extraño que proceda así; y recordaré que se ve forzado a obrar de este modo.

15. Ten presente que, del mismo modo que es absurdo extrañarse de que la higuera produzca higos, también lo es sorprenderse de que el mundo produzca determinados frutos de los que es portador. E igualmente sería vergonzoso para un médico y para un piloto sorprenderse de que ése haya tenido fiebre o de que haya soplado un viento contrario.

16. Ten presente que cambiar de criterio y obedecer a quien te corrige es igualmente acción libre. Pues tu actividad se lleva a término de acuerdo con tu instinto y juicio y, particularmente además, de acuerdo con tu propia inteligencia.

17. Si depende de ti, ¿por qué lo haces? Pero si depende de otro, ¿a quién censuras? ¿A los átomos o a los dioses? En ambos casos es locura. A nadie debes reprender. Porque, si puedes, corrígele, si no puedes, corrige al menos su acción. Y si tampoco esto te es posible, ¿de qué te sirve irritarte? Porque nada debe hacerse al azar.

18. Fuera del mundo no cae lo que muere. Si permanece aquí, aquí se transforma y se disuelve en sus elementos propios, elementos que son del mundo y tuyos. Y estos elementos se transforman y no murmuran.

19. Cada cosa nació con una misión, así el caballo, la vid. ¿Por qué te asombras? También el Sol, dirá: «he nacido para una función, al igual que los demás dioses». Y tú, ¿para qué? ¿Para el placer? Mira si es tolerable la idea.

20. No menos ha apuntado la naturaleza al fin de cada cosa que a su principio y transcurso, como el que lanza la pelota. ¿Qué bien, entonces, obtiene la diminuta pelota al elevarse o qué mal al descender o incluso al haber caído? ¿Y qué bien obtiene la burbuja formada o qué mal, disuelta? Y lo mismo puede decirse respecto a la lámpara.

21. Gíralo y contempla cómo es, y cómo llega a ser después de envejecer, enfermar y expirar. Corta es la vida del que elogia y del que es elogiado, del que recuerda y del que es recordado. Además, sucede en un rincón de esta región y tampoco aquí se ponen de acuerdo todos, y ni siquiera uno mismo se pone de acuerdo consigo; y la tierra entera es un punto.

22. Presta atención a lo que tienes entre manos, sea actividad, principio o significado. Justamente tienes este sufrimiento, pues prefieres ser bueno mañana a serlo hoy.

23. ¿Hago algo? Lo hago teniendo en cuenta el beneficiar a los hombres. ¿Me acontece algo? Lo acepto ofreciéndolo a los dioses y a la fuente de todo, de la que dimanan todos los sucesos.

24. Cual se te presenta el baño: aceite, sudor, suciedad, agua viscosa, todo lo que provoca repugnancia, tal se presenta toda parte de la vida y todo objeto que se nos ofrece.

25. Lucila sepultó a Vero; a continuación, Lucila; Secunda, a Máximo; seguidamente, Secunda; Epitincano, a Diátimo; luego, Epitincano; Antonino, a Faustina; luego, Antonino. Y así, todo. Céler, a Adriano; a continuación, Céler. ¿Y dónde están aquellos hombres agudos y perspicaces, ya conocedores del futuro, ya engreídos? (Así, por ejemplo, agudos, Cárax, Demetrio el Platónico, Eudemón y sus semejantes). Todo es efímero, muerto tiempo ha. Algunos no han perdurado en el recuerdo siquiera un instante; otros han pasado a la leyenda, y otros incluso han desaparecido de las leyendas. Ten presente, pues, esto: será preciso que tu composición se disemine, que tu hálito vital se

51 extinga o que cambie de lugar y se establezca en otra parte. 26. La dicha del hombre consiste en hacer lo que es propio del hombre. Y es propio del hombre el trato benevolente con sus semejantes, el menosprecio de los movimientos de los sentidos, el discernir las ideas que inspiran crédito, la contemplación de la naturaleza del conjunto universal y de las cosas que se producen de acuerdo con ella. 27. Tres son las relaciones: una con [la causa] que nos rodea, otra con la causa divina, de donde todo nos acontece a todos, y la tercera con los que viven con nosotros. 28. El pesar, o es un mal para el cuerpo, y en consecuencia que lo manifieste, o para el alma. Pero a ella le es posible conservar su propia serenidad y calma, y no opinar que el pesar sea un mal. Porque todo juicio, instinto, deseo y aversión está dentro, y nada se remonta hasta aquí. 29. Borra las imaginaciones diciéndote a ti mismo de continuo: «Ahora de mí depende que no se ubique en esta alma ninguna perversidad, ni deseo, ni, en suma, ninguna turbación; sin embargo, contemplando

68

todas las cosas tal como son, me sirvo de cada una de ellas de acuerdo con su mérito». Ten presente esta posibilidad acorde con tu naturaleza. 30. Habla, sea en el Senado, sea ante cualquiera, con elegancia y certeramente. Utiliza una terminología sana. 31. La corte de Augusto, su mujer, su hija, sus descendientes, sus ascendientes, su hermana, Agripa, sus parientes, sus familiares, Ario, Mecenas, sus médicos, sus encargados de los sacrificios; muerte de toda la corte. A continuación pásate a las demás...5, no a la muerte de un solo hombre, por ejemplo, la de los Pompeyos. Toma en consideración aquello que suele grabarse en las tumbas: «el último de su linaje». Cuántas convulsiones sufrieron sus antecesores, con el fin de dejar un sucesor, luego fue inevitable que existiera un último; de nuevo aquí la muerte de todo un linaje. 32. Es preciso compaginar la vida de acuerdo con cada una de las acciones y, si cada una consigue su fin, dentro de sus posibilidades, contentarse. Y que baste a su fin, nadie puede impedírtelo. «Pero alguna acción externa se opondrá». Nada, al menos en lo referente a obrar con justicia, con moderación y reflexivamente. Pero tal vez alguna otra actividad se verá obstaculizada. Sin embargo, gracias a la acogida favorable del mismo obstáculo y al cambio inteligente en lo que se te ofrece, al punto se sustituye otra acción que armoniza con la composición de la cual hablaba. 33. Recibir sin orgullo, desprenderse sin apego. 34. Alguna vez viste una mano amputada, un pie o una cabeza seccionada yacente en alguna parte lejos del resto del cuerpo. Algo parecido hace consigo, en la medida que de él depende, el que no se conforma con lo que acaece y se separa, o el que hace algo contrario al bien común. Tú de alguna manera te has excluido de la unión con la naturaleza, pues de ella formabas parte por naturaleza. Pero ahora tú mismo te cercenaste. Marco Aurelio Meditaciones 52 Sin embargo, tan admirable es aquélla, que te es posible unirte de nuevo a ella. A ningún otro miembro permitió Dios separarse y desgajarse, para reunirse de nuevo. Pero examina la bondad con la que Dios ha honrado al hombre. Pues en sus manos dejó la posibilidad de no separarse absolutamente del conjunto universal y, una vez separado, la de reunirse, combinarse en un todo y recobrar la posición de miembro. 35. Al igual que la naturaleza de los seres racionales ha distribuido a cada uno a su manera las demás facultades, así también nosotros hemos recibido de ella esta facultad. Pues de la misma manera que aquélla convierte todo lo que se le opone y resiste, lo sitúa en el orden de su destino y lo hace parte de sí misma, así también el ser racional puede hacer todo obstáculo material de sí mismo y servirse de él, fuera el que fuera el objeto al que hubiese tendido. 36. No te confunda la imaginación de la vida entera. No abarques en tu pensamiento qué tipo de fatigas y cuántas es verosímil que te sobrevengan; por el contrario, en cada una de las fatigas presentes, pregúntate: ¿Qué es lo intolerable y lo insoportable de esta acción? Sentirás vergüenza de confesarlo. Luego recuerda que ni el futuro ni el pasado te son gravosos, sino siempre el presente. Y éste se minimiza, en el caso de que lo delimites exclusivamente a sí mismo y refutes a tu inteligencia, si no es capaz de hacer frente a esta nimiedad. 37. ¿Están ahora sentados junto al túmulo de Vero, Pantea o Pérgamo? ¿Y qué?, ¿junto a la tumba de Adriano, Cabrias o Diótimo? Ridículo. ¿Y qué? Si estuvieran sentados, ¿es que iban a enterarse los muertos? ¿Y qué? Si se dieran cuenta, ¿iban a complacerse? ¿Y qué? Si se complacieran, ¿iban ellos a ser inmortales? ¿No estaba así decretado que primero llegarían a ser viejos y viejas, para a continuación morir? Entonces, ¿qué debían hacer posteriormente aquéllos, muertos ya éstos? Todo esto es hedor y sangre mezclada con polvo en un pellejo. 38. «Si eres capaz de mirar con perspicacia, mira y juzga, afirma... , con la máxima habilidad.» 39. En la constitución de un ser racional no veo virtud rebelde a la justicia, pero sí veo la templanza contra el placer. 40. Si eliminas tu opinión acerca de lo que crees que te aflige, tú mismo te afirmas en la mayor seguridad. «¿Quién es tú mismo?». La razón. «Pero yo no soy razón». Sea. Por consiguiente, no se aflija la razón. Y si alguna otra parte de ti se siente mal, opine ella en lo que le atañe. 41. Un obstáculo a la sensación es un mal para la naturaleza animal; un obstáculo al instinto es igualmente un mal para la naturaleza animal. Existe además igualmente otro obstáculo y mal propio de la constitución vegetal. Así, pues, un obstáculo a la inteligencia es un mal para la naturaleza inteligente. Todas estas consideraciones aplícatelas a ti mismo. ¿Te embarga un pesar, un placer? La sensación lo verá. ¿Tuviste alguna dificultad cuando emprendiste instintivamente algo? Si lo emprendes sin una reserva mental, ya es un mal para ti, en tanto que ser racional. Pero si recobras la Marco Aurelio Meditaciones 53 inteligencia, todavía no has sido dañado ni obstaculizado. Lo que es propio de la inteligencia sólo ella acostumbra a obstaculizarlo. Porque ni el fuego, ni el hierro, ni el tirano, ni la infamia, ni ninguna otra cosa la alcanzan. Cuando logra convertirse en «esfera redondeada», permanece. 42. No merezco causarme aflicción, porque nunca a otro voluntariamente afligí. 43. Uno se alegra de una manera, otro de otra. En cuanto a mí, si tengo sano mi guía interior, me alegro de no rechazar a ningún hombre ni nada de lo que a los hombres acontece; antes bien, de mirar todas las cosas con ojos benévolos y aceptando y usando cada cosa de acuerdo con su mérito. 44. Procura acoger con agrado para ti mismo el tiempo presente. Los que más persiguen la fama póstuma no calculan que ellos van a ser iguales que estos a los que importunan. También ellos serán mortales. ¿Y qué significa para ti, en suma, que aquéllos repitan tu nombre con tales voces o que tengan de ti tal opinión? 45. ¡Levántame y arrójame donde quieras! Pues allí tendré mi divinidad propicia, esto es, satisfecha, si se comporta y actúa consecuentemente con su propia constitución. ¿Acaso merece la pena que mi alma esté mal por ello y sea de peor condición, envilecida, apasionada, agitada? ¿Y qué encontrarás merecedor de eso? 46. A ningún hombre puede acontecer algo que no sea accidente humano, ni a un buey algo que no sea propio del buey, ni a una viña algo que no sea propio de la viña, ni a una piedra lo que no sea propio de la piedra. Luego si a cada uno le acontece lo que es habitual y natural, ¿por qué vas a molestarte? Porque nada insoportable te aportó la naturaleza común.

47. Si te afliges por alguna causa externa, no es ella lo que te importuna, sino el juicio que tú haces de ella. Y borrar este juicio, de ti depende. Pero si te aflige algo que radica en tu disposición, ¿quién te impide rectificar tu criterio? Y dé igual modo, si te afliges por no ejecutar esta acción que te parece sana, ¿Por qué no la pones en práctica en vez de afligirte? «Me lo dificulta un obstáculo superior». No te aflijas, pues, dado que no es tuya la culpa de que no lo ejecutes. «Mas no merezco vivir si no lo ejecuto». Vete, pues, de la vida apaciblemente, de la manera que muere el que cumple su cometido, indulgente con los que te ponen obstáculos.

48. Ten presente que el guía interior llega a ser inexpugnable, siempre que, concentrado en sí mismo, se conforme absteniéndose de hacer lo que no quiere, aunque se oponga sin razón. ¿Qué, pues, ocurrirá, cuando reflexiva y atentamente formule algún juicio? Por esta razón, la inteligencia libre de pasiones es una ciudadela. Porque el hombre no dispone de ningún reducto más fortificado en el que pueda refugiarse y ser en adelante imposible de expugnar. En consecuencia, el que no se ha dado cuenta de eso es un ignorante; pero quien se ha dado cuenta y no se refugia en ella es un desdichado.

49. No te digas a ti mismo otra cosa que lo que te anuncian las primeras impresiones. Se te ha anunciado que un tal habla mal de ti.

Esto se te ha anunciado. Pero no se te ha anunciado que has sufrido daño. Veo que mi hijito está enfermo. Lo veo. Pero que esté en peligro, no lo veo. Así pues, mantén siempre en las primeras impresiones, y nada añadas a tu interior y nada te sucederá. O mejor, añade como persona conocedora de cada una de las cosas que acontecen en el mundo.

50. Amargo es el pepino. Tíralo. Hay zarzas en el camino. Desvíate. ¿Basta eso? No añadas: «¿Por qué sucede eso en el mundo?». Porque serás ridiculizado por el hombre que estudia la naturaleza, como también lo serías por el carpintero y el zapatero si les condenaras por el hecho de que en sus talleres ves virutas y recortes de los materiales que trabajan. Y en verdad aquéllos al menos tienen dónde arrojarlos, pero la naturaleza universal nada tiene fuera; mas lo admirable de este arte estriba en que, habiéndose puesto límites a sí mismo, transforma en sí mismo todo lo que en su interior parece destruirse, envejecer y ser inútil, y que de nuevo hace brotar de esas mismas cosas otras nuevas, de manera que ni tiene necesidad de sustancias exteriores, ni precisa un lugar donde arrojar esos desperdicios podridos. Por consiguiente, se conforma con su propio lugar, con la materia que le pertenece y con su peculiar arte.

51. Ni seas negligente en tus acciones, ni embrolles en tus conversaciones, ni en tus imaginaciones andes sin rumbo, ni, en suma, constriñas tu alma o te disperses, ni en el transcurso de la vida estés excesivamente ocupado. Te matan, despedazan, persiguen con maldiciones. ¿Qué importa esto para que tu pensamiento permanezca puro, prudente, sensato, justo? Como si alguien al pasar junto a una fuente cristalina y dulce, la insultara; no por ello deja de brotar potable. Aunque se arroje fango, estiércol, muy pronto lo dispersará, se liberará de ellos y de ningún modo quedará teñida. ¿Cómo, pues, conseguirás tener una fuente perenne [y no un simple pozo]? Progresa en todo momento hacia la libertad con benevolencia, sencillez y modestia.

52. El que no sabe lo que es el mundo, no sabe dónde está. Y el que no sabe para qué ha nacido, tampoco sabe quién es él ni qué es el mundo. Y el que ha olvidado una sola cosa de esas, tampoco podría decir para qué ha nacido. ¿Quién, pues, te parece que es el que evita el elogio de los que aplauden..., los cuales ni conocen dónde están, ni quiénes son?

53. ¿Quieres ser alabado por un hombre que se maldice a sí mismo tres veces por hora? ¿Quieres complacer a un hombre que no se complace a sí mismo? ¿Se complace a sí mismo el hombre que se arrepiente de casi todo lo que hace?

54. Ya no te limites a respirar el aire que te rodea, sino piensa también, desde este momento, en conjunción con la inteligencia que todo lo rodea. Porque la facultad inteligente está dispersa por doquier y ha penetrado en el hombre capaz de atraerla no menos que el aire en el hombre capaz de respirarlo.

55. En general, el vicio no daña en nada al mundo. Y, en particular, es nulo el daño que produce a otro; es únicamente pernicioso para aquel a quien le ha sido permitido renunciar a él, tan pronto como lo desee.

56. Para mi facultad de decisión es tan indiferente la facultad decisoria del vecino como su hálito vital y su carne. Porque, a pesar de que especialmente hemos nacido los unos para los otros, con todo, nuestro individual guía interior tiene su propia soberanía. Pues, en otro caso, la maldad del vecino iba a ser ciertamente mal mío, cosa que no estimó oportuna Dios, a fin de que no dependiera de otro el hacerme desdichado.

57. El sol parece estar difuso y, en verdad, lo está por doquier, pero no desborda. Pues esta difusión es extensión. Y así, sus destellos se llaman «aktines» (rayos), procedentes del término «ekteínesthai» (extenderse). Y qué cosa es un rayo, podrías verlo, si contemplaras a través de una rendija la luz del sol introducida en una habitación oscura. Pues se extiende en línea recta y se apoya, en cierto modo, en el cuerpo sólido con el que tropiece, cuerpo que le separa del aire que viene a continuación. Allí se detiene sin deslizarse ni caer. Tal, en efecto, conviene que sea la difusión y dilatación de la inteligencia, sin desbordarse en ningún caso, pero sí extendiéndose; conviene también que, frente a los obstáculos con que tropiece, no choque violentamente, ni con ímpetu, ni tampoco caiga, sino que se detenga y dé brillo al objeto que la recibe. Porque se privará del resplandor el objeto que la desdeñe.

58. El que teme la muerte, o teme la insensibilidad u otra sensación. Pero si ya no percibes la sensibilidad, tampoco percibirás ningún mal. Y si adquieres una sensibilidad distinta, serás un ser indiferente y no cesarás de vivir.

59. Los hombres han nacido los unos para los otros. Instrúyelos o sopórtalos.

60. La flecha sigue una trayectoria, la inteligencia otra distinta. Sin embargo, la inteligencia, siempre que toma precauciones y se dedica a indagar, avanza en línea recta y hacia su objetivo no menos que la flecha.

61. Introdúcete en el guía interior de cada uno y permite también a otro cualquiera que penetre en tu guía interior.

LIBRO IX

1. El que comete injusticias es impío. Pues dado que la naturaleza del conjunto universal ha constituido los seres racionales para ayudarse los unos a los otros, de suerte que se favoreciesen unos a los otros, según su mérito, sin que en ningún caso se perjudicasen, el que transgrede esta voluntad comete, evidentemente, una impiedad contra la más excelsa de las divinidades. También el que miente es impío con la misma divinidad. Pues la naturaleza del conjunto universal es naturaleza de las cosas que son, y éstas están vinculadas con todas las cosas existentes. Más todavía, esta divinidad recibe el nombre de Verdad y es la causa primera de todas las verdades. En consecuencia, el hombre que miente voluntariamente es impío, en cuanto que al engañar comete injusticia. También es impío el que miente involuntariamente, en cuanto está en discordancia con la naturaleza del conjunto universal y en cuanto es indisciplinado al enfrentarse con la naturaleza del mundo. Porque combate a ésta el que se comporta de modo contrario a la verdad, a pesar suyo. Pues había obtenido de la naturaleza recursos, que desatendió, y ahora no es capaz de discernir lo falso de lo verdadero. Y ciertamente es impío también el que persigue los placeres como si de bienes se tratara, y,

en cambio, evita las fatigas como si fueran males. Porque es inevitable que el hombre tal recrimine reiteradamente a la naturaleza común en la convicción de que ésta hace una distribución no acorde con los méritos, dado que muchas veces los malos viven entre placeres y poseen aquellos medios que se los proporcionan, mientras que los buenos caen en el pesar y en aquello que lo origina. Más aún, el que teme los pesares temerá algún día algo de lo que acontecerá en el mundo, y eso es ya impiedad. Y el que persigue los placeres no se abstendrá de cometer injusticias; y eso sí que es claramente impiedad. Conviene también, en relación con las cosas en que la naturaleza común es indiferente (pues no habría creado ambas cosas, si no hubiese sido indiferente respecto a las dos) que respecto a éstas los que quieren seguir la naturaleza se comporten indiferentemente viviendo de acuerdo con ella. Por consiguiente, está claro que comete una impiedad todo el que no permanece indiferente respecto al pesar y al placer, a la fama y a la infamia, cosas que usa indistintamente la naturaleza del conjunto universal. Y afirmo que la naturaleza común usa indistintamente estas cosas en vez de acontecer éstas por mero azar, según la sucesión de lo que acontece; y sobrevienen debido a un primer impulso de la Providencia, según la cual, desde un principio, emprendió esta organización actual del mundo mediante la combinación de ciertas razones de las cosas futuras y señalando las potencias generatrices de las sustancias, las transformaciones y sucesiones de esta índole.

2 . Propio de un hombre bastante agraciado sería salir de entre los hombres sin haber gustado la falacia, y todo tipo de hipocresía, molicie y orgullo. Pero expirar, una vez saciado de estos vicios, sería una segunda tentativa para navegar. ¿Continúas prefiriendo estar asentado en el vicio y todavía no te incita la experiencia a huir de tal peste? Pues la destrucción de la inteligencia es una peste mucho mayor que una infección y alteración semejante de este aire que está esparcido en torno nuestro. Porque esta peste es propia de los seres vivos, en cuanto son animales; pero aquélla es propia de los hombres, en cuanto son hombres.

3. No desdeñes la muerte; antes bien, acógela gustosamente, en la convicción de que ésta también es una de las cosas que la naturaleza quiere. Porque cual es la juventud, la vejez, el crecimiento, la plenitud de la vida, el salir los dientes, la barba, las canas, la fecundación, la preñez, el alumbramiento y las demás actividades

naturales que llevan las estaciones de la vida, tal es también tu propia disolución. Por consiguiente, es propio de un hombre dotado de razón comportarse ante la muerte no con hostilidad, ni con vehemencia, ni con orgullo, sino aguardarla como una más de las actividades naturales. Y, al igual que tú aguardas el momento en que salga del vientre de tu mujer el recién nacido, así también aguarda la hora en que tu alma se desprenderá de esa envoltura. Y si también quieres una regla vulgar, que cale en tu corazón, sobre todo te pondrá en buena disposición ante la muerte la consideración relativa a aquellos objetos de los cuales vas a separarte y con cuyas costumbres tu alma ya no estará mezclada. Porque en absoluto es preciso chocar con ellos, sino preocuparse de ellos y soportarlos con dulzura; recuerda, sin embargo, que te verás libre de unos hombres que no tienen los mismos principios que tú. Porque tan sólo esto, si es que se da, podría arrastrarte y retenerte en la vida, a saber, que se te permitiera convivir con los que conservan los mismos principios que tú. Pero ahora estás viendo cuánto malestar se da en la discordia de la vida en común, hasta el punto de que puedes decir: «¡Ojalá llegaras cuanto antes, oh muerte, no vaya a ser que también yo me olvide de mí mismo!»

4. El que peca, peca contra sí mismo; el que comete una injusticia, contra sí la comete, y a sí mismo se daña.

5. Muchas veces comete injusticia el que nada hace, no sólo el que hace algo.

6. Es suficiente la opinión presente que capta lo real, la acción presente útil a la comunidad y la presente disposición capaz de complacer a todo lo que acontece procedente de una causa exterior.

7. Borrar la imaginación, contener el instinto, apagar el deseo, conservar en ti el guía interior.

8. Una sola alma ha sido distribuida entre los animales irracionales, un alma inteligente ha sido dividida entre los seres racionales, igualmente una es la tierra de todos los seres terrestres y con una sola luz vemos y uno es el aire que respiramos todos cuantos estamos dotados de vista y de vida.

9. Cuantos seres participan de algo en común, tienden afanosamente a lo que es de su mismo género. Todo lo terrestre se

inclina hacia la tierra, todo lo que es acuoso confluye, de igual modo lo aéreo, hasta el punto de que se necesitan obstáculos y violencia. El fuego tiende hacia lo alto debido al fuego elemental, y está hasta tal extremo dispuesto a prender con todo fuego de aquí, que toda materia, aunque esté bien poco seca, es fácilmente inflamable por el hecho de estar menos mezclada con lo que impide su ignición. Y consecuentemente, todo lo que participa de la naturaleza intelectiva tiende con afán hacia su semejante de igual manera o incluso más. Porque, cuanto más aventajado es un ser respecto a los demás, tanto más dispuesto se halla a mezclarse y confundirse con su semejante. Por ejemplo, al punto se descubren entre los seres irracionales enjambres, rebaños, crías recién nacidas, y algo parecido a relaciones amorosas; porque también aquí hay almas, y la trabazón se encuentra más extendida en los seres superiores, cosa que no ocurre, ni en las plantas, ni en las piedras, o en los troncos. Y entre los seres racionales se encuentran constituciones, amistades, familias, reuniones y, en las guerras, alianzas y treguas. Y en los seres todavía superiores, incluso en cierto modo separados, subsiste una unidad, como entre los astros. De igual modo, la progresión hacia lo superior puede producir simpatía, incluso entre seres distanciados. Observa, pues, lo que ocurre ahora: únicamente los seres dotados de inteligencia han olvidado ahora el afán y la inclinación mutua, y tan sólo aquí no se contempla esa confluencia. Pero a pesar de sus intentos de huida, son reagrupados, porque prevalece la naturaleza. Y comprenderás lo que digo si estás a la expectativa. Se encontraría más rápidamente un objeto terrestre sin conexión alguna con un objeto terrestre que un hombre separado del hombre.

10. Produce su fruto el hombre, Dios y el mundo; cada uno lo produce en su propia estación. Pero si habitualmente el término en sentido propio se ha usado aplicado a la vid y plantas análogas, no tiene importancia. La razón tiene también un fruto común y particular, y del mismo fruto nacen otros semejantes como la propia razón.

11. Si puedes, dale otra enseñanza; pero si no, recuerda que se te ha concedido la benevolencia para este fin. También los dioses son benévolos con las personas de estas características. Y en ciertas facetas colaboran con ellos para conseguir la salud, la riqueza, la fama. ¡Hasta tal extremo llega su bondad! También tú tienes esta posibilidad; o dime, ¿quién te lo impide?

12. Esfuérzate no como un desventurado ni como quien quiere ser compadecido o admirado; antes bien, sea tu único deseo ponerte en movimiento y detenerte como lo estima justo la razón de la ciudad.

13. Hoy me he librado de toda circunstancia difícil, mejor dicho, eché fuera de mí todo engorro, porque éste no estaba fuera de mí, sino dentro, en mis opiniones.

14. Todo es lo mismo; habitual por la experiencia, efímero por el tiempo y ruin por su materia. Todo ahora acontece como en tiempo de aquellos a quienes ya sepultamos.

15. Las cosas permanecen estáticas fuera de las puertas, ensimismadas, sin saber ni manifestar nada acerca de sí mismas. ¿Qué, pues, hace afirmaciones acerca de ellas? El guía interior.

16. No radica el mal y el bien en el sufrimiento, sino en la actividad del ser racional y social, como tampoco su excelencia y su defecto están en el sufrimiento, sino en la acción.

17. A la piedra arrojada hacia lo alto, ni la perjudica el descenso ni tampoco el ascenso.

18. Penetra en su guía interior, y verás qué jueces temes, qué clase de jueces son respecto a sí mismos.

19. Todo está en transformación; tú también estás en continua alteración y, en cierto modo, destrucción, e igualmente el mundo entero.

20. Es preciso dejar allí el fallo ajeno.

21. La suspensión de una actividad, el reposo y algo así como la muerte de un instinto, de una opinión, no son ningún mal. Pasa ahora a las edades, por ejemplo, la niñez, la adolescencia, la juventud, la vejez; porque también todo cambio de éstas es una muerte. ¿Acaso es terrible? Pasa ahora a la etapa de tu vida que pasaste sometido a tu abuelo, luego bajo la autoridad de tu madre y a continuación bajo la autoridad de tu padre. Y al encontrarte con otras muchas destrucciones, cambios e interrupciones, hazte esta pregunta: ¿Acaso

es terrible? Así, pues, tampoco lo es el cese de tu vida entera, el reposo y el cambio.

22. Corre al encuentro de tu guía interior, del guía del conjunto universal y del de éste. Del tuyo, para que hagas de él una justa inteligencia; del que corresponde al conjunto universal, para que rememores de quién formas parte; del de éste, para que sepas si existe ignorancia o reflexión en él, y, al mismo tiempo, consideres que es tu pariente.

23. Al igual que tú mismo eres un miembro complementario del sistema social, así también toda tu actividad sea complemento de la vida social. Por consiguiente, toda actividad tuya que no se relacione, de cerca o de lejos, con el fin común, trastorna la vida y no permite que exista unidad, y es revolucionaria, de igual modo que en el pueblo el que retira su aportación personal a la armonía común.

24. Enfados y juegos de niños, «frágiles almas que transportan cadáveres», como para que más claramente pueda impresionarnos lo de «la evocación de los muertos».

25. Vete en busca de la cualidad del agente y contémplalo separado de la materia; luego, delimita también el tiempo máximo, que es natural que subsista el objeto individual.

26. Has soportado infinidad de males por no haberte resignado a que tu guía interior desempeñara la misión por la que ha sido constituido. Pero ya basta.

27. Siempre que otro te vitupere, odie, o profieran palabras semejantes, penetra en sus pobres almas, adéntrate en ellas y observa qué clase de gente son. Verás que no debes angustiarte por lo que esos piensen de ti. Sin embargo, hay que ser benevolente con ellos, porque son, por naturaleza, tus amigos. E incluso los dioses les dan ayuda total, por medio de sueños, oráculos, para que, a pesar de todo, consigan aquellas cosas que motivan en ellos desavenencias.

28. Éstas son las rotaciones del mundo, de arriba abajo, de siglo en siglo. Y, o bien la inteligencia del conjunto universal impulsa a cada uno, hecho que, si se da, debes acoger en su impulso; o bien de una sola vez dio el impulso, y lo restante se sigue, por

consecuencia... Pues, en cierto modo, son átomos o cosas indivisibles. Y, en suma, si hay Dios, todo va bien; si todo discurre por azar , no te dejes llevar también tú al azar Pronto nos cubrirá a todos nosotros la tierra, luego también ella se transformará y aquellas cosas se transformarán hasta el infinito y así sucesivamente. Con que si se toma en consideración el oleaje de las transformaciones y alteraciones y su rapidez, se menospreciará todo lo mortal.

29. La causa del conjunto universal es un torrente impetuoso. Todo lo arrastra. ¡Cuán vulgares son esos hombrecillos que se dedican a los asuntos ciudadanos y, en su opinión, a la manera de filósofos! Llenos están de mocos. ¿Y entonces qué, buen amigo? Haz lo que ahora reclama la naturaleza. Emprende tu cometido, si se te permite, y no repares en si alguien lo sabrá. No tengas esperanza en la constitución de Platón; antes bien, confórmate, si progresas en el mínimo detalle, y piensa que este resultado no es una insignificancia. Porque, ¿quién cambiará sus convicciones? Y excluyendo el cambio de convicciones, ¿qué otra cosa existe sino esclavitud de gente que gime y que finge obedecer? Ve ahora y cítame a Alejandro, Filipo y Demetrio Falereo. Yo les seguiré si han comprendido cuál era el deseo de la naturaleza común y se han educado ellos mismos. Pero si representaron tragedias, nadie me ha condenado a imitarles. Sencilla y respetable es la misión de la filosofía. No me induzcas a la vanidad.

30. Contempla desde arriba innumerables rebaños, infinidad de ritos y todo tipo de travesía marítima en medio de tempestades y bonanza, diversidad de seres que nacen, conviven y se van. Reflexiona también sobre la vida por otros vivida tiempo ha, sobre la que vivirán con posterioridad a ti y sobre la que actualmente viven en los pueblos extranjeros; y cuántos hombres ni siquiera conocen tu nombre y cuántos lo olvidarán rapidísimamente y cuántos, que tal vez ahora te elogian, muy pronto te vituperarán; y cómo ni el recuerdo ni la fama, ni, en suma, ninguna otra cosa merece ser mencionada.

31. Imperturbabilidad con respecto a lo que acontece como resultado de una causa exterior y justicia en las cosas que se producen por una causa que de ti proviene. Es decir, instintos y acciones que desembocan en el mismo objetivo: obrar de acuerdo con el bien común, en la convicción de que esta tarea es acorde con tu naturaleza.

32. Puedes acabar con muchas cosas superfluas, que se encuentran todas ellas en tu imaginación. Y conseguirás desde este momento un inmenso y amplio campo para ti, abarcando con el pensamiento todo el mundo, reflexionando sobre el tiempo infinito y pensando en la rápida transformación de cada cosa en particular, cuán breve es el tiempo que separa el nacimiento de la disolución, cuán inmenso el período anterior al nacimiento y cuán ilimitado igualmente el período que seguirá a la disolución.

33. Todo cuanto ves, muy pronto será destruido y los que han visto la destrucción dentro de muy poco serán también destruidos; y el que murió en la vejez extrema acabará igual que el que murió prematuramente.

34. Cuáles son sus guías rectores y en qué se afanan y por qué razones aman y estiman. Acostúmbrate a mirar sus pequeñas almas desnudas. Cuando piensan perjudicarte con vituperios o favorecerte celebrándote, ¡cuánta pretensión! 35. La pérdida no es otra cosa que una transformación. Y en eso se regocija la naturaleza del conjunto universal; según ella, todo sucede desde la eternidad, sucedía de la misma forma y otro tanto sucederá hasta el infinito. ¿Por qué, pues, dices que todas las cosas se produjeron mal, que así seguirán siempre y que, entre tan gran número de dioses, ningún poder se ha encontrado nunca para corregir esos defectos, sino que el mundo está condenado a estar inmerso en males incesantes?

36. La podredumbre de la materia que subyace en cada cosa es agua, polvo, huesecillos, suciedad. O de nuevo: los mármoles son callosidades de la tierra; sedimentos, el oro, la plata; el vestido, diminutos pelos; la púrpura, sangre, y otro tanto todo lo demás. También el hálito vital es algo semejante, y se transforma de esto en aquello.

37. Basta de vida miserable, de murmuraciones, de astucias. ¿Por qué te turbas?, ¿qué novedad hay en eso?, ¿qué te pone fuera de ti? ¿La causa? Examínala. ¿La materia? Examínala. Fuera de eso nada existe. Más, a partir de ahora, sea tu relación con los dioses de una vez más sencilla y mejor. Lo mismo da haber indagado eso durante cien años que durante tres.

38. Si pecó, allí está su mal. Pero tal vez no pecó.

39. O bien todo acontece como para un solo cuerpo procedente de una sola fuente intelectiva, y no es preciso que la parte se queje de lo que sucede en favor del conjunto universal; o bien sólo hay átomos y ninguna otra cosa sino confusión y dispersión. ¿Por qué, pues, te turbas? Dile a tu guía interior: «Has muerto, has sido destruido, te has convertido en bestia, interpretas un papel, formas parte de un rebaño, pastas.»

40. O nada pueden los dioses o tienen poder. Si efectivamente no tienen poder, ¿por qué suplicas? Y si lo tienen, ¿por qué no les pides precisamente que te concedan el no temer nada de eso, ni desear nada de eso, ni afligirte por ninguna de esas cosas, antes que pedirles que no sobrevenga o sobrevenga alguna de esas cosas? Porque, sin duda, si pueden colaborar con los hombres, también en eso pueden colaborar. Pero posiblemente dirás: «En mis manos los dioses depositaron esas cosas.» Entonces, ¿no es mejor usar lo que está en tus manos con libertad que disputar con esclavitud y torpeza con lo que no depende de ti? ¿Y quién te ha dicho que los dioses no cooperan tampoco en las cosas que dependen de nosotros? Empieza, pues, a suplicarles acerca de estas cosas, y verás. Éste les pide: «¿Cómo conseguiré acostarme con aquélla?» Tú: «¿Cómo dejar de desear acostarme con aquélla?» Otro: «¿Cómo me puedo librar de ese individuo?» Tú: «¿Cómo no desear librarme de él?» Otro: «¿Cómo no perder mi hijito?» Tú: «¿Cómo no sentir miedo de perderlo?» En suma, cambia tus súplicas en este sentido y observa los resultados.

41. Epicuro dice: «En el curso de mi enfermedad no tenía conversaciones acerca de mis sufrimientos corporales, ni con mis visitantes, añade, tenía charlas de este tipo, sino que seguía ocupándome de los principios relativos a asuntos naturales, y, además de eso, de ver cómo la inteligencia, si bien participa de las conmociones que afectan a la carne, sigue imperturbable atendiendo a su propio bien; tampoco daba a los médicos, afirma, oportunidad de pavonearse de su aportación, sino que mi vida discurría feliz y noblemente.» En consecuencia, procede igual que aquél, en la enfermedad, si enfermas, y en cualquier otra circunstancia. Porque el no apartarse de la filosofía en cualquier circunstancia que sobrevenga, y el no chismorrear con el profano el estudioso de la naturaleza, es precepto común a toda escuela dedicarse únicamente a lo que ahora se está haciendo y al instrumento gracias al cual actúa.

42. Siempre que tropieces con la desvergüenza de alguien, de inmediato pregúntate: «¿Puede realmente dejar de haber desvergonzados en el mundo?» No es posible. No pidas, pues, imposibles, porque ése es uno de aquellos desvergonzados que necesariamente debe existir en el mundo. Ten a mano también esta consideración respecto a un malvado, a una persona desleal y respecto a todo tipo de delincuente. Pues, en el preciso momento que recuerdes que la estirpe de gente así es imposible que no exista, serás más benévolo con cada uno en particular. Muy útil es también pensar en seguida qué virtud concedió la naturaleza al hombre para remediar esos fallos. Porque le concedió, como antídoto, contra el hombre ignorante, la mansedumbre, y contra otro defecto, otro remedio posible. Y, en suma, tienes posibilidad de encauzar con tus enseñanzas al descarriado, porque todo pecador se desvía y falla su objetivo y anda sin rumbo. ¿Y en qué has sido perjudicado? Porque a ninguno de esos con los que te exasperas, encontrarás, a ninguno que te haya hecho un daño tal que, por su culpa, tu inteligencia se haya deteriorado. Y tu mal y tu perjuicio tienen aquí toda su base. ¿Y qué tiene de malo o extraño que la persona sin educación haga cosas propias de un ineducado? Procura que no debas inculparte más a ti mismo por no haber previsto que ése cometería ese fallo, porque tú disponías de recursos suministrados por la razón para cerciorarte de que es natural que ése cometiera ese fallo; y a pesar de tu olvido, te sorprendes de su error. Y sobre todo, siempre que censures a alguien como desleal o ingrato, recógete en ti mismo. Porque obviamente tuyo es el fallo si has confiado que tenía tal disposición, que iba a guardarte fidelidad, o si, al otorgarle un favor, no se lo concediste de buena gana, ni de manera que pudiese obtener al punto de tu acción misma todo el fruto. Pues, ¿qué más quieres al beneficiar a un hombre? ¿No te basta con haber obrado conforme a tu naturaleza, sino que buscas una recompensa? Como si el ojo reclamase alguna recompensa porque ve, o los pies porque caminan. Porque, al igual que estos miembros han sido hechos para una función concreta, y al ejecutar ésta de acuerdo con su particular constitución, cumplen su misión peculiar, así también el hombre, bienhechor por naturaleza, siempre que haga una acción benéfica o simplemente coopere en cosas indiferentes, también obtiene su propio fin.

LIBRO X

1. ¿Serás algún día, alma mía, buena, sencilla, única, desnuda, más patente que el cuerpo que te circunda? ¿Probarás algún día la disposición que te incita a amar y querer? ¿Serás algún día colmada, te hallarás sin necesidades, sin echar nada de menos, sin ambicionar nada, ni animado ni inanimado, para disfrute de tus placeres, sin desear siquiera un plazo de tiempo en el transcurso del cual prolongues tu diversión, ni tampoco un lugar, una región, un aire más apacible, ni una buena armonía entre los hombres? ¿Te conformarás con tu presente disposición, estarás satisfecha con todas tus circunstancias presentes, te convencerás a ti misma de que todo te va bien y te sobreviene enviado por los dioses, y asimismo, de que te será favorable todo cuanto a ellos les es grato y cuanto tienen intención de conceder para salvaguardar al ser perfecto, bueno, justo y bello, que todo lo genera, que contiene, circunda y abarca todo lo que, una vez disuelto, generará otras cosas semejantes? ¿Serás tú algún día tal, que puedas convivir como ciudadano, con los dioses y con los hombres, hasta el extremo de no hacerles ninguna censura ni ser condenado por ellos?

2. Observa atentamente qué reclama tu naturaleza, en la convicción de que sólo ella te gobierna; a continuación, ponlo en práctica y acéptalo, si es que no va en detrimento de tu naturaleza, en tanto que ser vivo. Seguidamente, debes observar qué reclama tu naturaleza, en tanto que ser vivo, y de todo eso debes apropiarte, a no ser que vaya en detrimento de tu naturaleza, en tanto que ser racional. Y lo racional es como consecuencia inmediata sociable. Sírvete, pues, de esas reglas y no te preocupes de más.

3. Todo lo que acontece, o bien acontece de tal modo que estás capacitado por naturaleza para soportarlo, o bien te halla sin dotes naturales para soportarlo. Si, pues, te acontece algo que por naturaleza puedes soportar, no te molestes; al contrario, ya que tienes dotes naturales, sopórtalo. Pero si te acontece algo que no puedes por naturaleza soportar, tampoco te molestes, pues antes te consumirá. Sin embargo, ten presente que tienes dotes naturales para soportar todo aquello acerca de lo cual depende de tu opinión hacerlo soportable y tolerable, en la idea de que es interesante para ti y te conviene obrar así.

4. Si tiene un desliz, instrúyele benévolamente e indícale su negligencia. Mas si eres incapaz, recrimínate a ti mismo, o ni siquiera a ti mismo.

S. Cualquier cosa que te acontezca, desde la eternidad estaba preestablecida para ti, y la concatenación de causas ha entrelazado desde siempre tu subsistencia con este acontecimiento.

6. Existan átomos o naturaleza, admítase de entrada que soy parte del conjunto universal que gobierna la naturaleza; luego, que tengo cierto parentesco con las partes que son de mi mismo género. Porque, teniendo esto presente, en tanto que soy parte, no me contrariaré con nada de lo que me es asignado por el conjunto universal. Porque éste nada tiene que no convenga a sí mismo, dado que todas las naturalezas tienen esto en común y, sin embargo, la naturaleza del mundo se ha arrogado el privilegio de no ser obligada por ninguna causa externa a generar nada que a sí misma perjudique. Precisamente, teniendo esto presente, a saber, que soy parte de un conjunto universal de tales características, acogeré gustoso todo suceso. Y en la medida en que tengo cierto parentesco con las partes de mi misma condición, nada contrario a la comunidad ejecutaré, sino que más bien mi objetivo tenderá hacia mis semejantes, y hacia lo que es provechoso a la comunidad encaminaré todos mis esfuerzos, absteniéndome de lo contrario. Y si así se cumplen estas premisas, forzosamente mi vida tendrá un curso feliz, del mismo modo que también tú concebirías próspera la vida de un ciudadano que transcurriese entre actividades útiles a los ciudadanos y que aceptase gustosamente el cometido que la ciudad le asignase.

7. Es absolutamente necesario que se destruyan las partes del conjunto universal, cuantas, por naturaleza, incluye el mundo. Pero entiéndase esto en el sentido de «alterarse». Y si por naturaleza fuera un mal esta necesidad para aquellas partes, no discurriría bien el conjunto universal, dado que sus partes tenderían a alterarse y estarían dispuestas de diversas maneras a ser destruidas. Porque, ¿acaso la naturaleza por sí misma, trató de dañar a sus propias partes, dejándolas expuestas a caer en el mal e inclinadas necesariamente a hacer el mal, o bien le han surgido así sin darse cuenta? Ni una ni otra cosa merecen crédito. Pero si alguien que partiera precisamente de la naturaleza, explicara estas cosas a tenor de su constitución natural, sería ridículo que manifestara que las

partes del conjunto universal han nacido a la vez para transformarse y, al mismo tiempo, se sorprendiera como de un accidente contrario a la naturaleza, o bien se irritara de ello, sobre todo, cuando la disolución se produce con vistas a la liberación de los elementos constitutivos de cada ser. Pues o bien se trata de una dispersión de elementos, a partir de los cuales fue compuesto, o bien es una vuelta de lo que es sólido en tierra, de lo que es hálito vital en aire, de modo que estos elementos puedan ser reasumidos en la razón del conjunto universal, tanto si periódicamente se da la conflagración en él, como si se renueva con cambios sempiternos. Y no te imagines los elementos sólidos y volátiles como existentes desde una primera generación, porque todos estos alcanzaron el flujo ayer o anteayer gracias a los alimentos y a la respiración del aire. En consecuencia, se transforma aquello que se adquirió, no lo que la madre dio a luz. Suponte también que aquello te vincula en exceso a tu individualidad; en absoluto, pienso, se contradice con lo que acabo de decir.

8. Después de asignarte estos nombres: bueno, reservado, veraz, prudente, condescendiente, magnánimo, procura no cambiar nunca de nombre, y, si perdieras dichos nombres, emprende su búsqueda a toda prisa. Y ten presente que el término «prudente» pretendía significar en ti la atención para captar cabalmente cada cosa y la ausencia de negligencia; el término «condescendiente», la voluntaria aceptación de lo que asigna la naturaleza común; «magnánimo», la supremacía de la parte pensante sobre las convulsiones suaves o violentas de la carne, sobre la vanagloria, la muerte y todas las cosas de esta índole. Por tanto, caso de que te mantengas en la posesión de estos nombres, sin anhelar ser llamado con ellos por otros, serás diferente y entrarás en una vida nueva. Porque el continuar siendo todavía tal cual has sido hasta ahora, y en una vida como ésta, ser desgarrado y mancillado, es demasiado propio de un ser insensato, apegado a la vida y semejante a los gladiadores semidevorados que, cubiertos de heridas y de sangre mezclada con polvo, a pesar de eso, reclaman ser conservados para el día siguiente, a fin de ser arrojados en el mismo estado a las mismas garras y mordeduras. Embárcate, pues, en la obtención de estos pocos nombres. Y si consigues permanecer en ellos, quédate allí, como transportado a unas islas de los bienaventurados. Pero si te das cuenta de que fracasas y no impones tu autoridad, vete con confianza a algún rincón, donde consigas dominar, o bien, abandona definitivamente la vida, no con despecho, sino con sencillez, libre y

modestamente, habiendo hecho, al menos, esta única cosa en la vida: salir de ella así. Sin embargo, para recordar estos nombres, gran colaboración te proporcionará el recuerdo de los dioses, y también que a ellos no les gusta ser adulados, sino que todos los seres racionales se les asemejen; que la higuera haga lo propio de la higuera, el perro lo propio del perro, la abeja lo propio de la abeja y el hombre lo propio del hombre.

9. La farsa, la guerra, el temor, la estupidez, la esclavitud, irán borrando, día a día, aquellos principios sagrados que tú, hombre estudioso de la naturaleza, te imaginas y acatas. Preciso es que todo lo mires y hagas de tal modo, que simultáneamente cumplas lo que es dificultoso y a la vez pongas en práctica lo teórico; y conserves el orgullo, procedente del conocimiento de cada cosa, disimulado, pero no secreto. ¿Porque, ¿cuándo gozarás de la simplicidad?, ¿cuándo de la gravedad?, ¿cuándo del conocimiento de cada cosa?, ¿y qué es en esencia, qué puesto ocupa en el mundo y cuánto tiempo está dispuesto por la naturaleza que subsista, y qué elementos la componen?, ¿a quiénes puede pertenecer?, ¿quiénes pueden otorgarla y quitarla?

10. Una pequeña araña se enorgullece de haber cazado una mosca; otro, un lebrato; otro, una sardina en la red; otro, cochinillos; otro, osos; y el otro, Sármatas. ¿No son todos ellos unos bandidos, si examinas atentamente sus principios?

11. Adquiere un método para contemplar cómo todas las cosas se transforman, unas en otras, y sin cesar aplícate y ejercítate en este punto particular, porque nada es tan apto para infundir magnanimidad. Se ha despojado de su cuerpo y después de concluir que cuanto antes deberá abandonar todas estas cosas y alejarse de los hombres, se entrega enteramente a la justicia en las actividades que dependen de él, y a la naturaleza del conjunto universal en los demás sucesos. Qué se dirá de él, o qué se imaginará, o qué se hará contra él, no se le ocurre pensarlo, conformándose con estas dos cosas: hacer con rectitud lo que actualmente le ocupa y amar la parte que ahora se le asigna, renunciando a toda actividad y afán. Y no quiere otra cosa que no sea cumplir con rectitud según la ley y seguir a Dios que marcha por el recto camino.

12. ¿Qué necesidad de recelos, cuando te es posible examinar qué debes hacer, y, caso de que lo veas en su conjunto, camina por esta senda benévolamente y sin volver la mirada atrás? Mas, en caso contrario, detente y recurre a los mejores consejeros; y en el caso de que otras diversas trabas obstaculicen la misión a la que te encaminas, sigue adelante según los recursos a tu alcance, teniendo muy presente en tus cálculos lo que te parece justo. Porque lo mejor es alcanzar este objetivo, dado que apartarse de él es ciertamente fracaso. Tranquilo a la vez que resuelto, alegre a la par que consistente, es el hombre que en todo sigue la razón.

13. Tan pronto como despiertes de tu sueño, pregúntate: «¿Te importará que otro te reproche acciones justas y buenas?». No te importará. ¿Tienes olvidado cómo esos que alardean con alabanzas y censuras a otros se comportan en la cama y en la mesa, qué cosas hacen, qué evitan, qué persiguen, qué roban, qué arrebatan, no con sus manos y pies, sino con la parte más valiosa de su ser, de la que nacen, siempre que se quiera, confianza, pudor, verdad, ley y una buena divinidad?

14. A la naturaleza que todo lo da y lo recobra, dice el hombre educado y respetuoso: «Dame lo que quieras, recobra lo que quieras». Y esto lo dice, no envalentonado, sino únicamente por sumisión y benevolencia con ella.

15. Poco es lo que te queda. Vive como en un monte, pues nada importa el allí o aquí, caso de que por todas partes viva uno en el mundo como en su ciudad. Vean, estudien los hombres a un hombre que vive de verdad en consonancia con la naturaleza. Si no te soportan, que te maten. Porque mejor es morir que vivir así.

16. No sigas discutiendo ya acerca de qué tipo de cualidades debe reunir el hombre bueno, sino trata de serlo.

17. Imagínate sin cesar la eternidad en su conjunto y la sustancia, y que todas las cosas en particular son, respecto a la sustancia, como un grano de higo, y, respecto al tiempo, como un giro de trépano.

18. Detente en cada una de las cosas que existen, y concíbela ya en estado de disolución y transformación, y cómo evoluciona a la

putrefacción o dispersión, o bien piensa que cada cosa ha nacido para morir.

19. ¡Cómo son cuando comen, duermen, copulan, evacuan, y en lo demás! Luego, ¡cómo son cuando se muestran altivos y orgullosos, o cuando se enfadan y, basándose en su superioridad, humillan. Poco ha eran esclavos de cuántos y por qué cosas. Y dentro de poco se encontrarán en circunstancias parecidas.

20. Conviene a cada uno lo que le aporta la naturaleza del conjunto universal, y conviene precisamente en el momento en que aquélla lo aporta.

21. La tierra desea la lluvia; la desea también el venerable aire. También el mundo desea hacer lo que debe acontecer. Digo, pues, al mundo : Mis deseos son los tuyos. ¿No lo dice aquella frase proverbial: «eso desea llegar a ser»?

22. O bien vives aquí, a lo que ya estás acostumbrado, o te alejas, que es lo que querías, o mueres, y has cumplido tu misión. Fuera de eso, nada más existe. Por consiguiente, ten buen ánimo.

23. Sea claro para ti que eso es como la preciada campiña; y cómo todo lo de aquí es igual a lo que está en el campo o en el monte o en la costa o donde quieras. Pues te tropezarás con las palabras de Platón: «Rodeado de un cerco en el monte, dice, y ordeñando un rebaño balador».

24. ¿Qué significa para mí mi guía interior?, ¿y qué hago de él ahora, y para qué lo utilizo actualmente? ¿Por ventura está vacío de inteligencia, desvinculado, y arrancado de la comunidad, fundido y mezclado con la carne, hasta el punto de poder modificarse con ésta?

25. El que rehuye a su señor es un desertor. La ley es nuestro señor, y el que la transgrede es un desertor. Y a la vez, también quien se aflige, irrita o teme, no quiere que haya sucedido, suceda o vaya a sucederle una cosa de las que han sido ordenadas por el que gobierna todas las cosas, que es la ley que distribuye todo cuanto atañe a cada uno. Por tanto, el que teme, se aflige o irrita es un desertor.

26. Depositó el semen en la matriz y se retiró; a partir de este momento otra causa intervino elaborando y perfeccionando el feto. Es tal cual corresponde a su procedencia. A su vez, se hace discurrir el alimento a través de la garganta y, a continuación, otra causa interviene y produce la sensación, el instinto y, en suma, la vida, el vigor físico y todas las demás facultades. Así, pues, contempla estos sucesos que se producen en tal secreto y observa su poder, de la misma manera que nosotros vemos el poder que inclina los cuerpos hacia abajo y los hace subir, no con los ojos, pero no por eso con menor claridad.

27. Reflexiona sin cesar en cómo todas las cosas, tal como ahora se producen, también antes se produjeron. Piensa también que seguirán produciéndose en el futuro. Y ponte ante los ojos todos los dramas y escenas semejantes que has conocido por propia experiencia o por narraciones históricas más antiguas, como, por ejemplo, toda la corte de Adriano, toda la corte de Antonino, toda la corte de Filipo, de Alejandro, de Creso. Todos aquellos espectáculos tenían las mismas características, sólo que con otros actores.

28. Imagínate que todo aquel que se aflige por cualquier cosa, o que de mal talante la acoge, se asemeja a un cochinillo al sacrificarle, que cocea y gruñe. Igual procede también el hombre que se lamenta, a solas y en silencio, de nuestras ataduras sobre un pequeño lecho. Piensa también que tan sólo al ser racional se le ha concedido la facultad de acomodarse de buen grado a los acontecimientos, y acomodarse, a secas, es necesario a todos.

29. Detente particularmente en cada una de las acciones que haces y pregúntate si la muerte es terrible porque te priva de eso.

30. Siempre que tropieces con un fallo de otro, al punto cambia de lugar y piensa qué falta semejante tú cometes; por ejemplo, al considerar que el dinero es un bien, o el placer, o la fama, o bien otras cosas de este estilo. Porque si te aplicas a esto, rápidamente olvidarás el enojo, al caer en la cuenta de que se ve forzado. Pues, ¿qué va a hacer? O bien, si puedes, libérale de la violencia.

31. Al ver a Satirón, Eutiques o Himen, imagínate a un socrático; y al ver a Eufrates, imagínate a Eutiquión o Silvano; al ver a Alcifrón, imagínate a Tropeóforo; y al ver a Jenofonte, imagínate a

Critón o Severo; vuelve también los ojos sobre ti mismo e imagínate a uno de los Césares; y sobre cada uno de ellos imagina paralelamente. A continuación, sobrevenga a tu pensamiento la siguiente consideración: ¿Dónde, pues, están aquéllos? En ninguna parte o en cualquier lugar. Pues de esta manera contemplarás constantemente que las cosas humanas son humo y nada, sobre todo si recuerdas que lo que se transforma una sola vez ya no volverá en el tiempo infinito. ¿A qué, pues, te esfuerzas? ¿Por qué no te basta traspasar este breve período de tiempo decorosamente? ¡Qué materia y qué tema rehuyes! Porque, ¿qué otra cosa es todo sino ejercicios de la razón que ha visto exactamente y según la ciencia de la naturaleza las vicisitudes de la vida? Persiste, pues, hasta que te hayas familiarizado también con estas consideraciones, al igual que el estómago fuerte asimila todos los alimentos, como el fuego brillante reduce a llama y resplandor cualquier cosa que le eches.

32. A nadie le sea posible decir de ti con verdad que no eres hombre sencillo y bueno. Por el contrario, mienta todo el que imagine algo semejante de ti. Y todo esto de ti depende. Pues, ¿quién te impide ser sencillo y bueno? Tú toma sólo la decisión de no seguir viviendo, si no logras ser un hombre así, pues la razón no te coacciona a vivir, si no reúnes estas cualidades.

33. ¿ Qué es lo que puede hacerse o decirse sobre esta materia de la manera más sana? Porque, sea lo que fuere, es posible hacerlo o decirlo, y no pretextes que te ponen impedimentos. No cesarás de gemir hasta que hayas experimentado que, al igual que la molicie corresponde a los que se entregan a los placeres, a ti te incumbe hacer lo que es propio de la condición humana sobre la materia sugerida y que se te presente. Porque es preciso considerar como disfrute todo lo que te es posible ejecutar de acuerdo con tu particular naturaleza; y en todas partes te es posible. En efecto, no se permite al cilindro desarrollar por todas partes su movimiento particular, tampoco se le permite al agua, ni al fuego, ni a los demás objetos que son rígidos por una naturaleza o alma carente de razón. Porque son muchas las trabas que los retienen y contienen. Sin embargo, la inteligencia y la razón pueden traspasar todo obstáculo de conformidad con sus dotes naturales y sus deseos. Ponte delante de los ojos esta facilidad, según la cual la razón cruzará todos los obstáculos, al igual que el fuego sube, la piedra baja, el cilindro se desliza por una pendiente, y ya nada más indagues. Porque los demás obstáculos, o bien pertenecen

al cuerpo, al cadáver, o, sin una opinión y concesión de la misma razón, ni hieren ni hacen daño alguno, con que ciertamente el que lo sufriera, se haría al punto malo. Por consiguiente, en todas las demás constituciones, cualquier mal que acontezca a alguna de ellas, deteriora al que lo sufre. En este caso, si hay que decirlo, el hombre mejora y se hace más merecedor de elogio, si utiliza correctamente las adversidades. En suma, ten presente que lo que no perjudica a la ciudad, tampoco perjudica en absoluto a su ciudadano natural, al igual que lo que no perjudica a la ley, tampoco perjudica a la ciudad. Ahora bien, de estos llamados infortunios ninguno perjudica a la ley. Consecuentemente, lo que no perjudica a la ley, tampoco al ciudadano ni a la ciudad.

34. Bástanle a la persona mordida por los verdaderos principios la mínima palabra y la más coloquial para sugerirle ausencia de aflicción y de temor. Por ejemplo: «Desparrama por el suelo el viento las hojas, así también la generación de los hombres» Pequeñas hojas son también tus hijitos, hojitas asimismo estos pequeños seres que te aclaman sinceramente y te exaltan, o bien por el contrario te maldicen, o en secreto te censuran y se burlan de ti, y hojitas igualmente los que recibirán tu fama póstuma. Porque todo esto «resurge en la estación primaveral». Luego, el viento las derriba; a continuación, otra maleza brota en sustitución de ésta. Común a todas las cosas es la fugacidad. Pero tú todo lo rehuyes y persigues como si fuera a ser eterno. Dentro de poco también tú cerrarás los ojos, y otro entonces llorará al que a ti te dio sepultura.

35. Es preciso que el ojo sano vea todo lo visible y no diga: «quiero que eso sea verde». Porque esto es propio de un hombre aquejado de oftalmía. Y el oído y el olfato sanos deben estar dispuestos a percibir todo sonido y todo olor. Y el estómago sano debe comportarse igual respecto a todos los alimentos, como la muela con respecto a todas las cosas que le han sido dispuestas para moler. Por consiguiente, también la inteligencia sana debe estar dispuesta a afrontar todo lo que le sobrevenga. Y la que dice: «Sálvense mis hijos» y «alaben todos lo que haga» es un ojo que busca lo verde, o dientes que reclaman lo tierno.

36. Nadie es tan afortunado que, en el momento de su muerte, no le acompañen ciertas personas que acojan con gusto el funesto desenlace. Era diligente y sabio. En último término habrá alguno que

diga para sí: «Al fin vamos a respirar, libres de este preceptor». «Ciertamente, con ninguno de nosotros era severo, pero me daba cuenta de que, tácitamente, nos condenaba». Esto, en efecto, se dirá respecto al hombre diligente. Por lo que a nosotros se refiere, ¡cuántas y cuán diferentes razones existen por las cuales muchos desean verse libres de nosotros! Esta reflexión te harás al morir, y te irás de este mundo con ánimo bastante más plácido si te haces esas consideraciones: «Me alejo de una vida tal, que en el curso de ella mis propios colaboradores, por los que tanto luché, supliqué, sufrí desvelos, ellos mismos quieren retirarme, confiados en la posibilidad de obtener cierta comodidad con mi partida». ¿Por qué, pues, resistirse a una estancia más prolongada aquí? Mas no por eso te vayas con ánimo peor dispuesto con ellos; antes bien, conserva tu carácter propio, amistoso, benévolo, favorable, y no, al revés, como si fueras arrancado, sino que, del mismo modo que en una buena muerte el alma se desprende fácilmente del cuerpo, así también debe producirse tu alejamiento de éstos. Porque con éstos la naturaleza te ensambló y te mezcló íntimamente. «Pero ahora te separa». Me separo como de mis íntimos sin ofrecer resistencia, sin violencia. Porque también esto es uno de los hechos conformes a la naturaleza.

37. En toda acción hecha por cualquiera, acostúmbrate, en la medida de tus posibilidades, a preguntarte: «¿Con qué fin promueve ése esta acción?». Empieza por ti mismo y a ti mismo en primer término examínate.

38. Ten presente que lo que te mueve como un títere es cierta fuerza oculta en tu interior; esta fuerza es la elocuencia, es la vida, es, si hay que decirlo, el hombre. Nunca la imagines confundida con el recipiente que la contiene ni con los miembros modelados en tomo suyo. Porque son semejantes a los pequeños aparejos, y únicamente diferentes, en tanto que son connaturales. Porque ninguna utilidad se deriva de estas partes sin la causa que los mueve y da vigor superior a la que tiene la lanzadera para la tejedora, la pluma para el escriba y el latiguillo para el conductor.

LIBRO XI

1 . Las propiedades del alma racional: se ve a sí misma, se analiza a sí misma, se desarrolla como quiere, recoge ella misma el fruto que produce (porque los frutos de las plantas y los productos de

los animales otros los recogen), alcanza su propio fin, en cualquier momento que se presente el término de su vida. No queda incompleta la acción entera, caso de que se corte algún elemento, como en la danza, en la representación teatral y en cosas semejantes, sino que en todas partes y dondequiera que se la sorprenda, colma y cumple sin deficiencias su propósito, de modo que puede afirmar: «Recojo lo mío». Más aún, recorre el mundo entero, el vacío que lo circunda y su forma; se extiende en la infinidad del tiempo, acoge en torno suyo el renacimiento periódico del conjunto universal, calcula y se da cuenta de que nada nuevo verán nuestros descendientes, al igual que tampoco vieron nuestros antepasados nada más extraordinario, sino que, en cierto modo, el cuarentón, por poca inteligencia que tenga, ha visto todo el pasado y el futuro según la uniformidad de las cosas. Propio también del alma racional es amar al prójimo, como también la verdad y el pudor, y no sobrestimar nada por encima de sí misma, característica también propia de la ley. Por tanto, como es natural, en nada difieren la recta razón y la razón de la justicia.

2. Despreciarás un canto delicioso, una danza, el pancracio, si divides la tonada melodiosa en cada uno de sus sones y respecto a cada uno te preguntas si éste te cautiva; porque antes te sentirás irritado. Respecto a la danza, procede de modo análogo en cada movimiento o figura. Y de igual modo respecto al pancracio. En suma, exceptuando la virtud y lo que de ella deriva, acuérdate de correr en busca de las cosas detalladamente y, con su análisis, tiende a su desprecio; transfiere también esto mismo a tu vida entera.

3. ¡Cómo es el alma que se halla dispuesta, tanto si es preciso ya separarse del cuerpo, o extinguirse, o dispersarse, o permanecer unida! Mas esta disposición, que proceda de una decisión personal, no de una simple oposición, como los Cristianos, sino fruto de una reflexión, de un modo serio y, para que pueda convencer a otro, exenta de teatralidad.

4. ¿He realizado algo útil a la comunidad? En consecuencia, me he beneficiado. Salga siempre a tu encuentro y ten a mano esta máxima, y nunca la abandones.

S. ¿Cuál es tu oficio? Ser bueno. Y ¿cómo se consigue serlo, sino mediante las reflexiones, unas sobre la naturaleza del conjunto universal, y otras, sobre la constitución peculiar del hombre?

6. En primer lugar, fueron escenificadas las tragedias como recuerdo de los acontecimientos humanos, y de que es natural que éstos sucedan así, y también para que no os apesadumbréis en la escena mayor con los dramas que os han divertido en la escena. Porque se ve la necesidad de que esto acabe así, y que lo soportan quienes gritan: «¡Oh Citerón!». Y dicen los autores de dramas algunas máximas útiles. Por ejemplo, sobre todo, aquella de: «Si mis hijos y yo hemos sido abandonados por los dioses, también eso tiene su justificación.». Y esta otra: «No irritarse con los hechos». Y: «Cosechad la vida como una espiga granada», y otras tantas máximas semejantes. Y después de la tragedia, se representó la comedia antigua, que contiene una libertad de expresión aleccionadora y nos sugiere, por su propia franqueza, no sin utilidad, evitar la arrogancia. Con vistas a algo parecido, en cierto modo, también Diógenes tomaba esta franqueza. Y después de ésta, considera por qué fue acogida la Comedia Media, y más tarde, la Nueva, que, en poco tiempo, acabó siendo artificiosa imitación. Que han dicho también estos poetas algunas cosas provechosas, no se ignora. Pero, ¿a qué objetivo apuntó el proyecto total de esta poesía y arte dramático?

7. ¡Cómo se pone de manifiesto el hecho de que no existe otra situación tan adecuada para filosofar como aquella en la que ahora te hallas!

S. Una rama cortada de la rama contigua es imposible que no haya sido cortada también del árbol entero. De igual modo, un hombre, al quedar separado de un hombre, ha quedado excluido de la comunidad entera. En efecto, corta otro la rama: sin embargo, el hombre se separa él mismo de su vecino cuando le odia y siente aversión. E ignora que se ha cercenado al mismo tiempo de la sociedad entera. Pero al menos existe aquel don de Zeus, que constituyó la comunidad, puesto que nos es posible unirnos de nuevo con el vecino y ser nuevamente una de las partes que ayudan a completar el conjunto universal. Sin embargo, si muchas veces se da tal separación, resulta difícil unir y restablecer la parte separada. En suma, no es igual la rama que, desde el principio, ha germinado y ha seguido respirando con el árbol, que la nuevamente injertada después de haber sido cortada, digan lo que digan los arboricultores. Crecer con el mismo tronco, pero no tener el mismo criterio.

95

9. Los que se oponen a tu andadura según la recta razón, al igual que no podrán desviarte de la práctica saludable, así tampoco te desvíen bruscamente de la benevolencia para con ellos. Por el contrario, mantente en guardia respecto a ambas cosas por igual: no sólo respecto a un juicio y una ejecutoria equilibrada, sino también respecto a la mansedumbre con los que intentan ponerte dificultades, o de otra manera te molestan. Porque es también signo de debilidad el enojarse con ellos, al igual que el renunciar a actuar y ceder por miedo, pues ambos son igualmente desertores, el que tiembla, y el que se hace extraño a su pariente y amigo por naturaleza.

10. Ninguna naturaleza es inferior al arte, porque las artes imitan las naturalezas. Y si así es, la naturaleza más perfecta de todas y la que abarca más estaría a una altura superior a la ingeniosidad artística. Y ciertamente todas las artes hacen lo inferior con vistas a lo superior. Por tanto, también procede así la naturaleza universal, y precisamente aquí nace la justicia y de ésta proceden las demás virtudes. Porque no se conservará la justicia, caso de que discutamos sobre cosas indiferentes, o nos dejemos engañar fácilmente y seamos temerarios o veleidosos.

11. Si no vienen a tu encuentro las cosas cuya persecución y huida te turba, sino que, en cierto modo, tú mismo vas en busca de aquellas, serénese al menos el juicio que sobre ellas tienes; pues aquéllas permanecerán tranquilas y no se te verá ni perseguirlas ni evitarlas.

12. La esfera del alma es semejante a sí misma, siempre que, ni se extienda en busca de algo exterior, ni se repliegue hacia dentro, ni se disemine, ni se condense, sino que brille con una luz gracias a la cual vea la verdad de todas las cosas y la suya interior.

13. ¿Me despreciará alguien? El verá. Yo, por mi parte, estaré a la expectativa para no ser sorprendido haciendo o diciendo algo merecedor de desprecio. ¿Me odiará? El verá. Pero yo seré benévolo y afable con todo el mundo, e incluso con ese mismo estaré dispuesto a demostrarle lo que menosprecia, sin insolencia, sin tampoco hacer alarde de mi tolerancia, sino sincera y amigablemente como el ilustre Foción, si es que él no lo hacía por alarde. Pues tales sentimientos deben ser profundos y los dioses deben ver a un hombre que no se indigna por nada y que nada lleva a mal. Porque, ¿qué mal te

sobrevendrá si haces ahora lo que es propio de tu naturaleza, y aceptas lo que es oportuno ahora a la naturaleza del conjunto universal, tú, un hombre que aspiras a conseguir por el medio que sea lo que conviene a la comunidad?

14. Despreciándose mutuamente, se lisonjean unos a otros, y queriendo alcanzar la supremacía mutuamente, se ceden el paso unos a otros.

15. ¡Cuán grosero y falso es el que dice: «He preferido comportarme honradamente contigo»! ¿Qué haces, hombre? No debe decirse de antemano eso. Ya se pondrá en evidencia. En tu rostro debe quedar grabado. Al punto tu voz emite tal sonido, al instante se refleja en tus ojos, al igual que en la mirada de sus amantes de inmediato todo lo descubre el enamorado. En suma, así debe ser el hombre sencillo y bueno; como el hombre que huele a macho cabrío, a fin de que el que lo encuentra, a la vez que se acerca, lo perciba, tanto si quiere como si no quiere. Pero la afectación de la simplicidad es un arma de doble filo. Nada es más abominable que la amistad del lobo. Por encima de todo evita eso. El hombre bueno, sencillo y benévolo tiene estas cualidades en los ojos y no se le ocultan.

16. Vivir de la manera más hermosa. Esa facultad radica en el alma, caso de que sea indiferente a las cosas indiferentes. Y permanecerá indiferente, siempre que observe cada una de ellas por separado. Y en conjunto, teniendo presente que ninguna nos imprime una opinión acerca de ella, ni tampoco nos sale al encuentro, sino que estas cosas permanecen quietas, y nosotros somos quienes producimos los juicios sobre ellas mismas y, por así decirlo, las grabamos en nosotros mismos, siéndonos posible no grabarlas y también, si lo hicimos inadvertidamente, siéndonos posible borrarlas de inmediato. Porque será poco duradera semejante atención, y a partir de ese momento habrá terminado la vida. Mas, ¿qué tiene de malo que esas cosas sean así? Si, pues, es acorde con la naturaleza, alégrate con ello y sea fácil para ti. Y si es contrario a la naturaleza, indaga qué te corresponde de acuerdo con tu naturaleza y afánate en buscarlo, aunque carezca de fama. Pues toda persona que busca su bien particular tiene disculpa.

17. De dónde ha venido cada cosa y de qué elementos está formada, y en qué se transforma, y cómo será, una vez transformada, y cómo ningún mal sufrirá.

18. Y en primer lugar, qué relación me vincula a ellos, que hemos nacido los unos para los otros, y yo personalmente he nacido, por otra razón, para ponerme al frente de ellos, como el camero está al frente del rebaño y el toro al frente de la vacada. Y remóntate más arriba partiendo de esta consideración: «Si no son los átomos, es la naturaleza la que gobierna el conjunto universal.» Si es así, los seres inferiores por causa de los superiores, y éstos, los unos para los otros. Y en segundo lugar, cómo se comportan en la mesa, en la cama y en lo demás. Y sobre todo, qué necesidades tienen procedentes de sus principios, y eso mismo, ¡con qué arrogancia lo cumplen! En tercer lugar, que, si con rectitud hacen esto, no hay que molestarse, pero si no es así, evidentemente lo hacen contra su voluntad y por ignorancia. Porque toda alma se priva contra su voluntad tanto de la verdad como también de comportarse en cada cosa según su valor. Por consiguiente, les pesa oírse llamados injustos, insensatos, ambiciosos y, en una palabra, capaces de faltar al prójimo. En cuarto lugar, que también tú cometes numerosos fallos y eres otro de su estilo. Y, si bien es verdad que te abstienes de ciertas faltas, tienes, sin embargo, una disposición que te induce a cometerlas, aunque por cobardía, orgullo o algún defecto te abstengas de las mismas. En quinto lugar, que tampoco has comprendido enteramente si cometen fallos, porque se producen muchos, incluso por defecto de administración. Y, en suma, es preciso aprender de antemano muchas cosas, para poderse manifestar cabalmente sobre una acción ajena. En sexto lugar, piensa que la vida del hombre es muy corta y dentro de poco todos estaremos enterrados. En séptimo lugar, que no nos molestan sus acciones, porque aquéllas se encuentran en los guías interiores de aquellos, sino nuestras opiniones. Elimina, pues, y sea tu propósito desprenderte del juicio, como si se tratara de algo terrible, y se acabó la cólera. ¿Cómo conseguirás eliminarlo? Pensando que no es un oprobio. Porque si no fuera el oprobio el único mal, forzoso sería que cometieras numerosos fallos, te convirtieras en bandido y hombre capaz de todo. En octavo lugar, cuántas mayores dificultades nos procuran los actos de cólera y las aflicciones que dependen de tales gentes que aquellas mismas cosas por las que nos encolerizamos y afligimos. En noveno lugar, que la benevolencia sería invencible si fuera noble y no burlona ni hipócrita. Porque, ¿qué te haría el hombre

más insolente, si fueras benévolo con él y si, dada la ocasión, le exhortaras con dulzura y le aleccionaras apaciblemente en el preciso momento en que trata de hacerte daño? «No, hijo; hemos nacido para otra cosa. No temo que me dañes, eres tú quien te perjudicas, hijo.» Y demuéstrale con delicadeza y enteramente que esto es así, que ni siquiera lo hacen las abejas, ni tampoco ninguno de los animales que ha nacido para vivir en manada. Y debes hacerlo sin ironías ni reproches, sino con cariño y sin exacerbación de ánimo, y no como en la escuela, ni tampoco para que otro que se encuentra a tu lado, te admire. Antes bien, dirígete a él exclusivamente, incluso en el caso de que otros te rodeen. Acuérdate de estos nueve preceptos capitales como dones recibidos de las musas, y empieza algún día a ser hombre, en tanto vivas. Debes guardarte por igual de encolerizarte con ellos y de adularles, porque ambos vicios son contrarios a la sociabilidad y comportan daño. Recuerda en los momentos de cólera que no es viril irritarse, pero sí lo es la apacibilidad y la serenidad que, al mismo tiempo que es más propia del hombre, es también más viril; y participa éste de vigor, nervios y valentía, no el que se indigna y está descontento. Porque cuanto más familiarizado esté con la impasibilidad, tanto mayor es su fuerza. Y al igual que la aflicción es síntoma de debilidad, así también la ira. Porque en ambos casos están heridos y ceden. Y si quieres, toma también un décimo bien del Musageta: que es propio de locos no admitir que los malvados cometan faltas, porque es una pretensión imposible. Sin embargo, convenir que se comporten así con otras personas y pretender que no falten contigo, es algo absurdo y propio de tirano.

19. Principalmente debemos guardarnos sin cesar de cuatro desviaciones del guía interior; y cuando las descubras, debes apartarlas hablando con cada una de ellas en estos términos: «Esta idea no es necesaria, esta es disgregadora de la sociedad, esta otra que vas a manifestar no surge de ti mismo.» Porque manifestar lo que no proviene de ti mismo, considéralo entre las cosas más absurdas. Y la cuarta desviación, por la que te reprocharás a ti mismo, consiste en que la parte más divina que se halla en ti, esté sometida e inclinada a la parte menos valiosa y mortal, la de tu cuerpo y sus rudos placeres.

20. Tu hálito y todo lo ígneo, en tanto que forman parte de la mezcla, si bien por naturaleza tienden a elevarse, están, sin embargo, sumisos al orden del conjunto universal, reunidos aquí en la mezcla. Y todo lo terrestre y acuoso que se encuentra en ti, a pesar de que

tiende hacia abajo, sin embargo, se levanta y mantiene en pie en su posición no natural. Así, pues, también los elementos están sometidos al conjunto universal, una vez se les ha asignado un puesto en algún lugar, y allí permanecen hasta que desde aquel lugar sea indicada de nuevo la señal de disolución. ¿No es terrible, pues, que sólo tu parte intelectiva sea desobediente y se indigne con la posición que se le ha asignado? Y en verdad nada violento se le asigna, sino exclusivamente todo aquello que es para esa parte intelectiva conforme a la naturaleza. Pero no sólo no lo tolera, sino que se encamina a lo contrario. Porque el movimiento que la incita a los actos de injusticia, al desenfreno, a la ira, a la aflicción, no es otra cosa que defección de la naturaleza. También cuando el guía interior está molesto con alguno de los acontecimientos, abandona su puesto, porque ha sido constituido no menos para la piedad y el respeto a los dioses que para la justicia. Porque estas virtudes constituyen y forman la sociabilidad y son más venerables que las acciones justas.

21. Quien no tiene un solo e idéntico objetivo en la vida, es imposible que persista durante toda ella único e idéntico. No basta lo dicho, si no añades eso: ¿Cuál debe ser ese objetivo? Porque, del mismo modo que no es igual la opinión relativa a todas las cosas que parecen, en cierto modo, buenas al vulgo, sino únicamente acerca de algunas, como, por ejemplo, las referentes a la comunidad, así también hay que proponerse como objetivo el bien común y ciudadano. Porque quien encauza todos sus impulsos particulares a ese objetivo, corresponderá con acciones semejantes, y según eso, siempre será el mismo.

22. El ratón del monte y el doméstico; su temor y su turbación.

23. Sócrates llamaba a las creencias del vulgo «Lamias», espantajos de niños.

24. Los lacedemonios, en sus fiestas, solían colocar los asientos para los extranjeros a la sombra, pero ellos se sentaban en cualquier sitio.

25. Sócrates explica a Perdicas que el motivo de no ir a su casa era: «para no perecer de la muerte más desgraciada», es decir, por temor a no poder corresponder con los mismos favores que le habría dispensado.

26. En los escritos de los efesios se encontraba una máxima: «recordar constantemente a cualquiera de los antiguos que haya practicado la virtud».

27. Los pitagóricos aconsejaban levantar los ojos al cielo al amanecer, a fin de que recordáramos a los que cumplen siempre según las mismas normas y de igual modo su tarea, y también su orden, su pureza y su desnudez; pues nada envuelve a los astros.

28. Cual Sócrates envuelto en una piel, cuando Jantipa tomó su manto y salió. Y lo que dijo Sócrates a sus compañeros ruborizados y que se apartaron, cuando le vieron así vestido.

29. En la escritura y en la lectura no iniciarás a otro antes de ser tú iniciado. Esto mismo ocurre mucho más en la vida.

30. «Esclavo has nacido, no te pertenece la razón».

31. «Mi querido corazón ha sonreído».

32. «Censurarán tu virtud profiriendo palabras insultantes».

33. «Pretender un higo en invierno es de locos. Tal es el que busca un niño, cuando, todavía, no se le ha dado».

34. Al besar a tu hijo, decía Epicteto, debes decirte: «Mañana tal vez muera.» «Eso es mal presagio.» «Ningún mal presagio, contestó, sino la constatación de un hecho natural, o también es mal presagio haber segado las espigas.»

35. «Uva verde, uva madura, pasa, todo es cambio, no para el no ser, sino para lo que ahora no es».

36. «No se llega a ser bandido por libre designio.» La máxima es de Epicteto.

37. «Es preciso, dijo, encontrar el arte de asentir, y en el terreno de los instintos, velar por la facultad de la atención, a fin de que con reserva, útiles a la comunidad y acordes con su mérito, se controlen

en sus impulsos y no sientan aversión por nada de lo que no depende de nosotros.»

38. «No trata, en efecto, el debate de un asunto de azar, dijo, sino acerca de estar locos o no.»

39. Decía Sócrates: «¿Qué queréis? ¿Tener almas de seres racionales o irracionales? De seres racionales. ¿De qué seres racionales? ¿Sanos o malos? Sanos. ¿Por qué, pues, no las buscáis? Porque las tenemos. ¿Por qué entonces lucháis y disputáis?»

LIBRO XII

1. Todos los objetivos que deseas alcanzar en tu progreso puedes ya tenerlos si no te los regateas a ti mismo y por recelos. Es decir: caso de que abandones todo el pasado, confíes a la providencia el porvenir y endereces el presente hacia la piedad y la justicia exclusivamente. Hacia la piedad, para que ames el destino que te ha sido asignado, pues la naturaleza te lo deparaba y tú eras el destinatario de esto. Hacia la justicia, a fin de que libremente y sin artilugios digas la verdad y hagas las cosas conforme a la ley y de acuerdo con su valor. No te obstaculice ni la maldad ajena, ni su opinión, ni su palabra, ni tampoco la sensación de la carne que recubre tu cuerpo. Pues eso incumbirá al cuerpo paciente. Si, pues, en el momento en que llegues a la salida, dejas todo lo demás y honras exclusivamente a tu guía interior y a la divinidad ubicada en ti; si temes no el poner fin un día a tu vida, sino el hecho de no haber empezado nunca a vivir conforme a la naturaleza, serás un hombre digno del mundo que te engendró y dejarás de ser un extraño a tu patria y dejarás también de admirar como cosas inesperadas los sucesos cotidianos, y de estar pendiente de esto y de aquello.

2. Dios ve todos los guías interiores desnudos de sus envolturas materiales, de sus cortezas y de sus impurezas; porque gracias a su inteligencia exclusiva, tiene contacto sólo con las cosas que han derivado y dimanado de él en estos principios. Y si tú también te acostumbras a hacer eso, acabarás con muchas de tus distracciones.

Pues el que no mira los amasijos de carne que le circundan, ¿perderá el tiempo contemplando vestidos, casa, fama, aparato de esta índole y puesta en escena?

3. Tres son las cosas que integran tu composición: cuerpo, hálito vital, inteligencia. De esas, dos te pertenecen, en la medida en que debes ocuparte de ellas. Y sólo la tercera es propiamente tuya. Caso de que tú apartes de ti mismo, esto es, de tu pensamiento, cuanto otros hacen o dicen, o cuanto tú mismo hiciste o dijiste y cuanto como futuro te turba y cuanto, sin posibilidad de elección, está vinculado al cuerpo que te rodea o a tu hálito connatural, y todo cuanto el torbellino que fluye desde el exterior voltea, de manera que tu fuerza intelectiva, liberada del destino, pura, sin ataduras pueda vivir practicando por sí misma la justicia, aceptando los acontecimientos y profesando la verdad; si tú, repito, separas de este guía interior todo lo que depende de la pasión, lo futuro y lo pasado, y te haces a ti mismo, como Empédocles «una esfera redonda, ufana de su estable redondez», y te ocupas en vivir exclusivamente lo que vives, a saber, el presente, podrás al menos vivir el resto de tu vida hasta la muerte, sin turbación, benévolo y propicio con tu divinidad interior.

4. Muchas veces me he preguntado con admiración como cada uno se tiene en más estima que a todos y, sin embargo, toma en menos consideración su propia opinión personal que la de los demás. Y, por ejemplo, si un dios o un sabio maestro se personase junto a uno y le diese la orden de que nada pensara o reflexionara en su interior que no lo expresara al mismo tiempo a gritos, ni siquiera un solo día lo aguantaría. Hasta tal punto respetamos más la opinión de los vecinos sobre nosotros que la nuestra propia.

5. ¡Cómo los dioses que un día dispusieron en orden todas las cosas sabia y amorosamente para el hombre pudieron descuidar sólo este detalle, a saber, que algunos hombres extremadamente buenos, después de haber establecido con la divinidad como muchísimos pactos y después que, gracias a su piadosa actuación y a sus sagrados cultos, fueron por mucho tiempo connaturales a la divinidad, una vez que han muerto, ya no retornan de nuevo, sino que se han extinguido para siempre! Y si, efectivamente, es eso así, sábete bien que si hubiera sido preciso proceder de otro modo, lo habrían hecho. Porque si hubiera sido justo, habría sido también posible, y, si acorde con la naturaleza, la naturaleza lo habría procurado.

103

Precisamente porque no es así, si es que ciertamente no es así, convéncete de que no es preciso que suceda de este modo. Porque tú mismo ves también que al pretender eso pleiteas con la divinidad, y no dialogaríamos así con los dioses, de no ser ellos muy buenos y muy justos. Y si esto es así no habrían permitido que quedara descuidado injustamente y sin razón nada perteneciente al orden del mundo.

6. Acostúmbrate a todo, incluso a cuantas cosas no te merecen confianza, porque también la mano izquierda para las demás acciones, debido a su falta de costumbre, es inútil, y, sin embargo, sostiene con más poder el freno que la derecha, pues a este menester está habituada.

7. ¡Cómo has de ser sorprendido por la muerte en tu cuerpo y alma! Piensa en la brevedad de la vida, en el abismo del tiempo futuro y pasado, en la fragilidad de toda materia.

8. Contempla las causas desnudas de sus cortezas; la finalidad de las acciones; qué es la fatiga, qué el placer, qué la muerte, qué la fama; quién no es el culpable de su propia actividad; cómo nadie es obstaculizado por otro; que todas las cosas son opinión.

9. En la práctica de los principios es preciso ser semejante al luchador de pancracio, no al gladiador, porque éste deja la espada de la cual se sirve, y muere, mientras que aquél siempre tiene la mano y no precisa otra cosa sino cerrarla.

10. Ver qué son las cosas en sí mismas, analizándolas en su materia. en su causa, en su relación.

11. ¡Qué privilegio tiene el hombre de no hacer otra cosa sino lo que Dios va a elogiar, y aceptar todo lo que Dios le asigne, lo consecuente a la naturaleza!

12. No debe censurarse a los dioses; porque ninguna falta cometen voluntaria o involuntariamente. Tampoco a los hombres, porque nada fallan que no sea contra su voluntad. De manera que a nadie debe censurarse.

13. Cuán ridículo y extraño es el hombre que se admira de cualquier cosa que acontece en la vida.

14. O bien una necesidad del destino y un orden inviolable, o bien una providencia aplacable, o un caos fortuito, sin dirección. Si, pues, se trata de una necesidad inviolable, ¿a qué ofreces resistencia? Y si una providencia que acepta ser aplacada, hazte a ti mismo merecedor del socorro divino. Y si un caos sin guía, confórmate, porque en medio de un oleaje de tal índole dispones en tu interior de una inteligencia guía. Aunque el oleaje te arrastre, arrastre tu carne, tu hálito vital, y lo demás, porque no arrastrará tu inteligencia.

15. La luz de una lámpara, hasta extinguirse, brilla y no pierde su fulgor. ¿Se extinguirán con anterioridad la verdad que en ti reside, la justicia y la prudencia?

16. Respecto a la persona que te ha proporcionado la imagen de su falta. «¿Qué sé yo si eso es una falta?» Y si realmente ha cometido una falta: «él mismo se ha condenado ya», y así esto es semejante a desgarrarse su propio rostro. El que no admite que el malvado cometa faltas, se asemeja al que no acepta que la higuera lleve leche en los higos, que los recién nacidos lloren, que el caballo relinche y cuantas otras cosas son inevitables. ¿Qué puede suceder cuando uno tiene una disposición tal? Si en efecto eres vehemente, cuida esa manera de ser.

17. Si no conviene, no lo hagas; si no es cierto, no lo digas; provenga de ti este impulso. 18. En todo ver siempre qué es lo que hace brotar en ti esa tal imagen y tratar de desarrollarla, analizándola en su causa, en su materia, en su finalidad, en su duración temporal, en el transcurso de la cual será preciso que tenga su fin.

19. Date cuenta de una vez que algo más poderoso y más divino posees en tu propio interior que lo que provoca las pasiones y que lo que, en suma, te agita a modo de marioneta. ¿Cuál es ahora mi pensamiento? ¿Es el temor? ¿Es el recelo? ¿Es la ambición? ¿Es otra pasión semejante?

20. En primer lugar, no hacer nada al azar, ni tampoco sin un objetivo final. En segundo lugar, no encauzar tus acciones a otro fin que no sea el bien común.

21. Que dentro de no mucho tiempo nadie serás en ninguna parte, ni tampoco verás ninguna de esas cosas que ahora estás viendo, ni ninguna de esas personas que en la actualidad viven. Porque todas las cosas han nacido para transformarse, alterarse y destruirse, a fin de que nazcan otras a continuación.

22. Que todo es opinión y ésta depende de ti. Acaba, pues, cuando quieras con tu opinión, y del mismo modo que, una vez doblado el cabo, surge la calma, todo está quieto y el golfo sin olas.

23. Una sola energía cualquiera, que ha cesado en el momento oportuno, ningún mal sufre por haber cesado; tampoco el que ejecutó esta acción, por esto mismo, a saber, por haber cesado, sufre mal alguno. Del mismo modo, en efecto, el conjunto de todas las acciones, que constituyen la vida, caso de cesar en el momento oportuno, ningún mal experimenta por el hecho de haber cesado, ni tampoco el que ha puesto fin oportunamente a este encadenamiento sufre mal. Y la oportunidad y el límite los proporciona la naturaleza, unas veces la naturaleza particular, como sucede con la vejez; pero generalmente la naturaleza del conjunto universal, cuyas partes se transforman para que el mundo en su conjunto permanezca siempre joven y en su pleno vigor. Y todo lo que conviene al conjunto universal es siempre bello y está en sazón. Así, pues, el término de la vida para cada uno no es un mal, porque tampoco es un oprobio, pues no está sujeto a nuestra elección y no daña a la comunidad, y sí es un bien, porque es oportuno al conjunto universal, ventajoso y adaptado a él. Así, el que se comporta de acuerdo con Dios en todo, es inspirado por un hálito divino y es llevado, gracias a su reflexión, a sus mismos objetivos.

24. Preciso es tener a mano estos tres pensamientos. Respecto a lo que haces, si lo haces, que no sea ni a la ventura, ni de un modo distinto a como lo hubiese hecho la justicia misma. Respecto a los sucesos exteriores, piensa que suceden o bien por azar, o bien por una providencia, y no debes censurar al azar ni recriminar a la providencia. En segundo lugar, piensa cómo es cada uno desde que es engendrado hasta la posesión del alma, y desde ésta hasta la devolución de la misma. Piensa también de qué elementos se compone y en cuáles se disolverá. En tercer lugar, piensa que si de pronto remontándote por el aire examinaras las cosas humanas y su multitud de formas, al ver simultáneamente cuán gran espacio ocupan los habitantes del aire y etéreos, las despreciarías; y que,

cuantas veces te remontaras a lo alto, verías lo mismo, su uniformidad, su pequeña duración. A esas cosas se refiere la vanidad humana.

25. Expulsa la opinión. Estás a salvo. ¿Quién, pues, te impide expulsarla?

26. Siempre que te molestas por algo, olvidas que todo se produce de acuerdo con la naturaleza del conjunto universal, y también que la falta es ajena, y, además, que todo lo que está sucediendo, así siempre sucedía y sucederá, y ahora por doquier sucede. Cuánto es el parentesco del hombre con todo el género humano; que no procede el parentesco de sangre o germen, sino de la comunidad de inteligencia. Y olvidaste asimismo que la inteligencia de cada uno es un dios y dimana de la divinidad. Que nada es patrimonio particular de nadie; antes bien, que hijos, cuerpo y también la misma alma han venido de Dios. Olvidaste también que todo es opinión; que cada uno vive únicamente el momento presente, y eso es lo que pierde.

27. Rememora sin cesar a los que se indignaron en exceso por algún motivo, a los que alcanzaron la plenitud de la fama, de las desgracias, de los odios o de los azares de toda índole. Seguidamente, haz un alto en el camino y pregúntate: «¿Dónde está ahora todo aquello?». Humo, ceniza, leyenda o ni siquiera leyenda. Acudan al mismo tiempo a tu espíritu todas las cosas semejantes, así por ejemplo, cual fue Fabio Catulino en la campaña, Lucio Lupo en sus jardines, Estertinio en Bayas, Tiberio en Capri, Velio Rufo y, en suma, la superioridad presuntuosa en cualquier asunto. ¡Cuán ruin era todo el objetivo de su esfuerzo y cuanto más propio de sabio es el ser justo, moderado, el ofrecerse simplemente sumiso a los dioses en la materia concedida! Porque la vanidad que se exalta bajo capa de modestia es la más insoportable de todas.

28. A los que preguntan: «¿Dónde has visto a los dioses, o de dónde has llegado a la conclusión de que existen, para venerarlos así?». En primer lugar, son visibles a nuestros ojos. Y luego, tampoco yo he visto alma y, sin embargo, la honro; así también respecto a los dioses, por las mismas razones que compruebo su poder repetidas veces, por éstas constato que existen y los respeto.

29. La salvación de la vida consiste en ver enteramente qué es cada cosa por si misma, cuál es su materia y cuál es su causa. En practicar la justicia con toda el alma y en decir la verdad. ¿Qué queda entonces sino disfrutar de la vida, trabando una buena acción con otra, hasta el punto de no dejar entre ellas el mínimo intervalo?

30. Una sola es la luz del sol, aunque la obstaculicen muros, montes, incontables impedimentos; única es la sustancia común, aunque esté dividida en innumerables cuerpos de cualidades peculiares; una es el alma, aunque esté dividida en infinidad de naturalezas y delimitaciones particulares. Una es el alma inteligente, aunque parezca estar dividida. Las restantes partes mencionadas, como los soplos y los objetos sensibles, carecen de sensibilidad y no tienen relación de parentesco mutuo; sin embargo, también a aquellas las contiene el poder unificador y el peso que las hace converger. Y la inteligencia en particular tiende a lo que es de su mismo género, y se le une, y esta pasión comunitaria no encuentra impedimentos.

31. ¿Qué pretendes? ¿Seguir viviendo? ¿Percibir las sensaciones, los instintos? ¿Crecer? ¿Cesar de nuevo? ¿Utilizar la palabra? ¿Pensar? ¿Qué cosa entre esas te parece que vale la pena echar de menos? Y si cada una de éstas te parece bien despreciable, inclínate finalmente a ser sumiso a la razón y a Dios. Pero se oponen el honrar estas cosas y enojarse por el hecho de que con la muerte se nos privará de estas mismas facultades.

32. ¿Qué pequeña parte de tiempo ilimitado y abismal se ha asignado a cada uno? Pues rapidísimamente se desvanece en la eternidad. ¿Y qué pequeña parte del conjunto de la sustancia, y qué ínfima también del conjunto del alma? ¿Y en qué diminuto terrón del conjunto de la tierra te arrastras? Considera todas esas cosas e imagina que nada es importante, sino actuar como tu naturaleza indica y experimentarlo como la naturaleza común conlleva.

33. ¿Cómo se sirve de ti el guía interior? Que en eso radica todo. Y lo demás, dependa o no de tu libre elección, es cadáver y humo.

34. Lo que más incita a despreciar la muerte es el hecho de que los que juzgan el placer un bien y el dolor un mal, la despreciaron, sin embargo, también.

35. Para la persona que considera bueno únicamente lo oportuno y para quien es igual ejecutar muchas acciones de acuerdo con la recta razón que unas pocas, y para quien es indiferente contemplar el mundo más o menos tiempo, para ese tampoco la muerte es temible.

36. ¡Buen hombre, fuiste ciudadano en esta gran ciudad! ¿Qué te importa, si fueron cinco o tres años? Porque lo que es conforme a las leyes, es igual para todos y cada uno. ¿Por qué pues, va a ser terrible que te destierre de la ciudad, no un tirano, ni un juez injusto, sino la naturaleza que te introdujo? Es algo así como si el estratego que contrató a un comediante, lo despidiera de la escena. «Mas no he representado los cinco actos, sino sólo tres». «Bien has dicho. Pero en la vida los tres actos son un drama completo.» Porque fija el término aquel que un día fue responsable de tu composición, y ahora lo es de tu disolución. Tú eres irresponsable en ambos casos. Vete, pues, con ánimo propicio, porque el que te libera también te es propicio.